历史穿越报

铁血女皇
武则天

不爱胭脂爱乾坤

冰心儿童图书奖获得者 **彭凡** 著

U0331705

化学工业出版社

·北京·

前言

　　如果你想了解一个人，就和他一起吃饭、聊天、逛街，关注他的朋友、他的敌人，以及他周围的一切。可是……

　　如果他是一位古代帝王，该怎么办？

　　很简单，坐上我们的时光机，回到他生活的年代，和他一起吃饭、聊天、逛街，关注他的朋友、他的敌人，以及他周围的一切。

　　当你回到古代，你会发现，原来古人也和我们一样，也要工作、学习和娱乐，也爱美食、八卦和明星。

　　你会发现，你想了解的人，也正是大家热烈讨论的那个人。

　　你会发现，当时的好多新闻、八卦都与他有关。

　　你会发现，就连广告中也处处有他的身影呢。

　　武则天刚刚发布了一则公告，要在全国进行大改革，年号要改，旗帜要改，衙门名称、官职名称等都要改，连都城的名字也要改，话说她这是要登基当女皇的节奏吗？

　　朱元璋正在招兵买马，小编穿穿刚好会几招三脚猫功夫，要不要报名去试试？

　　一个通讯员告诉我们，李世民又和魏征在大殿上争得面红耳赤了，我们要不要偷偷把这个镜头拍下来呢？

……

现在，你是不是迫不及待想回到古代，在第一时间内了解这些新闻和八卦呢？别急，我们已经派人穿越了，将你想知道的一一记录下来，刊登在《历史穿越报》上。

这套《历史穿越报》一共十本，分别详细记录了汉武帝、唐太宗、武则天等十位帝王的成长历程。每本《历史穿越报》有十二期，一月一期。每期报纸中都有五花八门的新闻、八卦、访谈、广告、漫画，让你目不暇接。

我们的记者队伍非常庞大，分布在全国各地。有一部分人喜欢专门记录重大事件，我们将这些稿件放在"叱咤风云"栏目。

我们还有一批勤奋的通讯员，每天穿梭在各大茶馆。他们可不是去喝茶哦，而是为了搜集百姓的八卦、言论，给"百姓茶馆"栏目准备素材。

我们还设立了一个"鸿雁传书"栏目，古人有什么困扰、烦恼，统统都可以通过来信告诉我们，小编穿穿会一一耐心回复哦！

我们还有一位大嘴记者，名叫越越，专门负责采访当时最杰出或者最有争议的人物。他是一个胆大包天的家伙，就算是皇帝也要刁难一下，古人们可要做好准备了！

当然，我们还有"广告铺"栏目，欢迎大家刊登广告，价格从优哦！

最后，希望大家在看完这份报纸后，不仅能读懂帝王们的一生，还能从中获得知识、经验与勇气，让我们的穿越功夫没有白费。

第1期　宫里来了个武才人

第2期　再次进宫

第3期　滴血的皇后之路

第4期　初露锋芒

第5期　代夫治国

第6期　垂帘听政

第7期　与儿子斗法

第8期　登位前的风雨

第9期　女皇和酷吏

第10期　女皇与贤臣

第11期　龙椅让给谁

第12期　最后的岁月

第 1 期
公元637年—公元649年

武宫里来了个才人

走贩不离

穿越报
CHUANYUE BAO

【烽火快报】
· 宫里来了个武才人

【绝密档案】
· 揭秘武媚娘的身世
· 不能说的秘密

【叱咤风云】
· 狮子骢事件，是福还是祸
· 皇帝驾崩，嫔妃们该何去何从

【名人有约】
· 特约嘉宾：李世民

【广告铺】
· 除夕晚宴的通知
· 纪念朕心爱的战马
· 卖胡帽啦

穿越必读 CHUANYUE BIDU

　　作为中国历史上唯一一个女皇帝，武则天无疑是个霸气、睿智、果断和残酷的女人，然而，再厉害的人物也有年少烂漫的时候。这一年，武则天还只是个十四岁的小姑娘，刚被选入唐太宗李世民的后宫，等待她的将是怎样的命运呢？

宫里来了个武才人
——来自长安的加密快报

公元637年，皇宫中传来一个消息，一个姓武的小姑娘被李世民召进后宫，封为五品才人。

才人，就是皇帝的小妾。大家都知道，皇帝有三宫六院，佳丽三千，比如当今后宫，就分为好几个等级：

第一等是皇后，只有一个名额；

第二等是妃子，有四个名额；

第三等是嫔，有九个名额；

第四等是婕妤，有九个名额；

第五等是美人，也是九个名额，

第六等是才人，依然是九个名额。

虽说和其他嫔妃比起来，才人的等级并不高，可是后宫佳丽三千，妃嫔名额有限，多少人挤破脑袋也轮不上，因此即便是被封为才人，也是件很了不得的事情。

而且，这个姓武的小姑娘进宫后不久，皇帝就亲口赐了她一个名字，叫"武媚"。

这个媚娘到底是谁家的女儿，又有何过人之处，能得到当今皇帝的喜爱？后宫的女人纷纷议论着。

长安八百里加密快报！

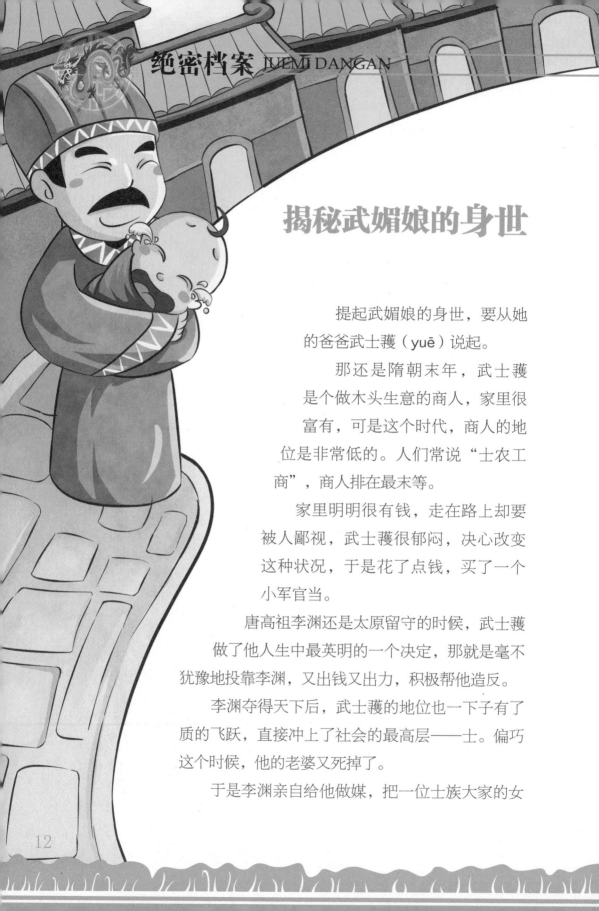

揭秘武媚娘的身世

提起武媚娘的身世，要从她的爸爸武士彟（yuē）说起。

那还是隋朝末年，武士彟是个做木头生意的商人，家里很富有，可是这个时代，商人的地位是非常低的。人们常说"士农工商"，商人排在最末等。

家里明明很有钱，走在路上却要被人鄙视，武士彟很郁闷，决心改变这种状况，于是花了点钱，买了一个小军官当。

唐高祖李渊还是太原留守的时候，武士彟做了他人生中最英明的一个决定，那就是毫不犹豫地投靠李渊，又出钱又出力，积极帮他造反。

李渊夺得天下后，武士彟的地位也一下子有了质的飞跃，直接冲上了社会的最高层——士。偏巧这个时候，他的老婆又死掉了。

于是李渊亲自给他做媒，把一位士族大家的女儿——杨氏嫁给了他。有了杨家的显赫背景做倚靠，武士彟彻底摆脱了过去卑贱的身份，再也没人说他是个暴发户啦。

而杨氏嫁给武士彟后，一口气生了三个女儿。其中二女儿就是被封为才人的武媚娘。

和所有贵族少女一样，武媚娘从小过着锦衣玉食、养尊处优的生活。

然而，天有不测风云，武媚娘十二岁那年，武士彟病死了，母女四人的生活立刻发生了天翻地覆的变化。

在杨氏进门之前，武士彟的前妻还生了两个儿子，一个叫武元庆，另一个叫武元爽。武家兄弟俩平时就不大待见后妈和三个妹妹，父亲一死，便更不把她们放在眼里了。母女四人的处境一下子变得举步维艰。

杨氏是个聪明的女人，她知道，要想改变这种处境，只有从几个貌美如花的女儿中着手。可大女儿已经许配了人家，小女儿年纪还太小，只有二女儿最合适，她长得又美——宽宽的额头，丰满的下巴，举止妩媚，谈吐不俗，是一个标标准准的唐朝美人。

于是杨氏和娘家人商量，让他们在宫里大肆宣传武媚娘的美貌和才学。

没多久，李世民果然宣武媚娘进宫，封她做了五品才人。这一年，武媚娘才十四岁。

据说，母女临别之际，杨氏拉着媚娘的手，哭得一把鼻涕，一把眼泪。媚娘就安慰母亲说："当今皇帝是个明君，我能侍奉他，是我的福气，您为什么还要哭哭啼啼，作儿女之态呢？"

一个十四岁的小姑娘能说出这番话来，看来，这个武媚娘可不是一般的小姑娘啊！

母亲不用担心！

夫人面相富贵，家中必有贵子！

不能说的秘密

　　杨氏之所以狠下心把女儿送进宫，据说这里头还有一个不能说的秘密呢。

　　杨氏生下媚娘后不久，有一次出门，碰见了一个叫袁天罡（gāng）的相面大师。袁天罡一见杨氏，脸色大变，说："夫人，看你面相富贵，骨骼清奇，家中必有贵子！"

　　杨氏听得心花怒放，赶紧把袁天罡请到家里，让他瞧瞧到底哪一个是"贵子"。

　　杨氏先把武元庆兄弟俩叫出来，袁天罡只瞟了二人一眼，说："两位小公子面相不错，将来能官至三品，但算不上大贵。"

　　杨氏又把大女儿叫出来，袁天罡还是摇头说："这位小娘子

也生得不错，将来一定是个贵妇人，只是有一点不好——可能会对她的丈夫不利。"

最后，杨氏叫人把媚娘抱出来给袁天罡瞧。当时媚娘穿着一身男孩的衣裳，打扮得像个小子。袁天罡一看，大吃一惊："哎哟，不得了，这位小公子生得龙睛凤颈，将来必定是个大富大贵之人，只可惜呀可惜……"

"可惜什么？"杨氏赶紧问。

"可惜是个小子，要是个丫头，将来必定能成为天下之主啊！"袁天罡叹息说。

杨氏吓了一跳，心里却也乐开了花，于是等媚娘长大了，便满怀期待地将她送进了皇宫。

我可是个女孩!

狮子骢事件，是福还是祸

这天天气晴朗，风和日丽，李世民带着一群妃嫔来马厩看马。

马厩里有一匹千里马，叫狮子骢（cōng）。这匹马头上有一圈鬃毛，长得跟狮子似的，脾气也暴躁得跟狮子一样。皇宫里上上下下，没一个人驾驭得了它。

李世民指着狮子骢，对妃嫔们说："你们谁能驯服它？"

李世民本来只是和大家开个玩笑，连他自己都驯服不了的烈马，怎么能指望这群莺莺燕燕？

谁知还真有一个胆大的人走上前："陛下，我能驯服它！"

李世民仔细一看，原来是武才人，就笑着问："你有什么办法？"

"我只要三样东西：铁鞭、铁锤和匕首。"武才人不紧不慢地说，"首先我用铁鞭抽打它，它不服，我就用铁锤敲它的脑袋，再不服，我一刀割断它的喉咙。"

李世民的脸色微微变了，愣了半晌，才勉强笑着说："好，有志气。"

武媚娘得到李世民的夸奖，心里自然很高兴。可是她却没有想过，李世民是真的欣赏她这种志气吗？

莫名其妙"被"造反

穿穿老师：

你好。这些年来，我跟着陛下南征北战，打垮过宋金刚，征讨过王世充，大败过窦建德和刘黑闼，打跑过突厥人。陛下曾经夸我："有君羡这样的猛将，敌人再强又何足为虑？"

可是前不久，陛下不知从哪听来消息，说我造反，要把我抓起来问罪。这都什么跟什么啊！我怎么莫名其妙就背了一个造反的罪名呢？你知道这到底是怎么回事吗？

左武卫将军　李君羡

李将军：

对于您的不幸遭遇，我们深表同情。不知你有没有听过"唐三代后，女主天下"的传言，说的是唐三代之后，会出现一个号称"武王"的女人号令天下。

本来这个传言跟你没什么关系，可你刚好是左武卫将军，守的又是玄武门，爵位是武连郡公，还是武安人，一下带了四个"武"字，陛下不得不提高警惕。可由于你是个男人，陛下也就没往深处想。

还记得上次宫里举办宴会吗？陛下问你的小名，你说你叫"五娘子"，陛下一听，当时就惊出一身冷汗，对你起了杀心。后来所谓的"图谋不轨、意欲造反"都只是陛下除掉你的借口。

《穿越报》编辑　穿穿

【不久后传来消息，李君羡以"造反"的罪名被李世民诛杀。】

太子要造反?

不得了了,不得了了,听说当今太子李承乾准备造反,并且还被陛下发现了,现在陛下要废了太子,立魏王李泰为新太子,这不会是真的吧?

铁匠老刘

废得好,废得妙。这个李承乾成天不学好,不务正业,还有点儿发神经。听说他经常披头散发,打扮成突厥人的样子跳突厥舞,还说什么等他当了皇帝,就去给突厥人当手下。你们听听,这像大唐太子说出来的话吗?要是把江山交到这种人手里,大唐就完蛋了。

李秀才

李承乾被废是真的,不过陛下立的不是魏王李泰,而是晋王李治。陛下本来挺中意魏王的,可魏王的野心未免表现得太明显了,天天拉帮结派,处心积虑想搞垮太子,陛下要是立他为太子,那不是正中了他下怀吗?

王秀才

立李治为太子,我倒没什么意见,听说李治这个人既仁慈又孝顺,不失为太子的上佳人选。不过这人的缺点就是性子太软弱了,把江山交到他手里,不知道是福还是祸啊!

赵秀才

皇帝驾崩，嫔妃们该何去何从

　　公元649年，举国上下一片哀痛，因为前不久，英明神武的大唐皇帝李世民驾崩了。

　　太子李治在哭，朝廷官员在哭，百姓们也在哭，但哭得最厉害的还是李世民的那些嫔妃们，尤其是那些没有子女的嫔妃。她们活着的目的就是侍奉皇帝，现在皇帝死了，她们又该何去何从？

　　其实先皇已经给她们安排好了归宿，出家、守灵都行。但无论哪一个，这辈子指定都没有出头之日了。可这些嫔妃们大多正值青春年华，貌美如花，怎么甘心就此了却一生？可是不甘心，又有什么办法？

　　众嫔妃哭哭啼啼，不知是哭先帝的驾崩，还是哭自己暗无天日的前程，但只有一个人镇定自若，她就是武媚娘。

　　一眨眼，武媚娘进宫已经有十二年了，她早已从一个天真烂漫的小姑娘，长

成了一个美丽成熟的女人。可由于得不到先皇的喜爱，她一直都只是个小小的才人，也没能生下一子半女。媚娘心里明白，哪天皇帝一死，她在宫中的日子也就到头了。

就在这时，一个机会悄悄地来到了她身边。

李世民卧病在床时，太子李治是个孝顺的孩子，日夜不离地侍奉在父亲床前。刚好这时，武媚娘也在病床前伺候着。虽然武媚娘比李治年长几岁，可她长得美，有一种成熟女性的魅力，而李治性格柔弱，喜欢的正是这种年长而富有魅力的女性，于是一来二去，两个人就有了感情。

所以，当嫔妃们在感业寺哭得昏天黑地时，只有媚娘没有流泪。因为她知道，她的人生绝不会就此一片黑暗。一个皇帝倒下去，另一个皇帝将会站起来。更何况，这个皇帝是她的恋人呢！

现在，太子李治刚刚登基（史称唐高宗），有很多国家大事要处理，等他闲下来，一定会想起她。到那时，她的光明就到来了。

感业寺里的媚娘静静等待着……

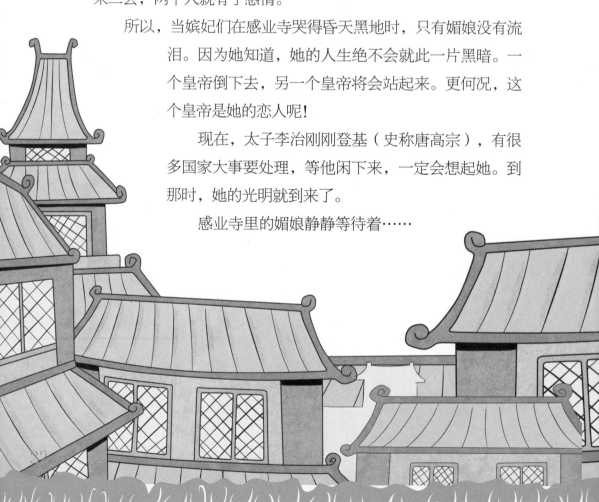

越越 大嘴记者

李世民 特约嘉宾

嘉宾简介：他少年从军，骁勇善战，很早便跟着父亲李渊一起横扫沙场，为创建唐朝立下了赫赫战功；他坚毅果敢，在玄武门之变中杀死哥哥李建成和弟弟李元吉，最终登上太子之位；他虚心纳谏，文治武功，开创了历史上著名的贞观之治。他就是大唐王朝的第二位天子，引领大唐走向繁荣昌盛的太宗皇帝——李世民！

越　越：皇上您好，这次采访主要是想弄清楚一个问题，您为什么不喜欢武媚娘？

李世民：记者你也太八卦了吧，这种问题也是你能打听的吗？

越　越：呃，那我换一个问题吧，请问您喜欢什么样的女人？

李世民：像长孙皇后、徐婕妤那样的。

越　越：长孙皇后那是没得说啊，温柔贤淑，知书达理，而且又深谙政治之道……

李世民：（打断越越的话）错，她从来不干预政事，只在适当的时候劝谏和提醒我，这一点是我最欣赏的。

越　越：能举个例子吗？

李世民：你知道，我是一个爱马之人，有一次我最心爱的骏马无缘无故死掉了，当时我很生气，想杀了那个马夫。

越　越：陛下，为了区区一匹马而杀人，这可不是明君之举啊！

李世民：是啊，当时皇后也是这么劝我的，还给我讲了一个故事：当年齐景公也要为马而杀人，大臣晏子知道后，就给马夫定了三条罪。第一条，他把国君的马养死了；第二条，他使国君因马杀人，从而引起百姓的怨言；第三条，诸侯们知道了这件事，也一定会轻视齐国。

越　越：听了这个故事，您有什么感想？

李世民：好险，幸好有皇后提醒我，否则我岂不是成昏君啦？（顿了顿）还有一次更险，要不是皇后拦着，我差点就

杀了魏征。

越　越：啊，魏征可是个忠心耿耿的大谏臣啊！

李世民：魏征是不错，人正直，胆子又大，什么话都敢说，就是太不给我面子了。我有什么错，他可以私底下跟我谈嘛，可他呢，不管人前人后，逮着我就是一顿训，经常让我下不来台。有时候我真想一刀砍了他清净！

越　越：呃，这点的确是魏征做得不够好，可是人无完人，还请皇上多多包涵啊！

李世民：放心，我都忍了这么久了，会继续忍耐下去的。而且皇后也劝过我，说自古以来，有开明的君主才有正直的大臣，如今我有魏征这样正直的大臣，不正说明我是个明君嘛！皇后的这番话，真是说到我心坎里去了，唉，只可惜皇后命苦，年纪轻轻就去世了，让我失去了一个好帮手啊！（捂脸，做悲痛状）

越　越：（赶紧递上手帕）皇上节哀。

李世民：（接过手帕，擦擦眼泪）这辈子我是再也不会立第二个皇后了。

越　越：唉，皇上您可真痴情啊。听说您为了眺望昭陵，还特意在宫里修了一座塔楼。

李世民：是啊，昭陵本来是为我自己修建的陵墓，皇后先去，就先葬在那里，哪一天等我驾崩了，就和皇后葬在一起……

越　越：咳咳，皇上，咱不说这些不吉利的话。对了，您刚才说的徐婕好又是个什么样的女人呢？

李世民：徐婕好啊，她和长孙皇后一样，也是个温柔贤惠识大体的女人，也会在适当的时候提点我，但又不会过多干预政事。有些时候，我仿佛在她身上看到了长孙皇后的影子……（陷入沉思）

越　越：哦，皇上，我明白了，您喜欢温柔贤惠识大体，能辅佐你成为一代明君的女人，对吧？

李世民：对。

越　越：还有，您不喜欢强势的女人，对吧？

李世民：没错。

越　越：我明白了，您不喜欢武媚娘的原因，就是因为她太不温柔、太强势了，对吧？

李世民：对，（突然想到什么，脸色一变）越越，你这是给我下套吗？

越　越：哈哈，皇上您开玩笑了，我怎么敢给您下套呢……时间过得真快啊，这次采访就到这里，皇上再见！

广告铺

除夕晚宴的通知

值除夕来临之际，宫中将举办一场盛大的筵席，除了燃巨烛，燎沉香和檀木外，还有一场千余人的傩（nuó）戏表演。希望各位皇子、公主、妃嫔按时参加，切勿迟到。

李世民

纪念朕心爱的战马

为了纪念曾经和我一起出生入死、浴血奋战过的六匹战马，现命工艺家阎立德和画家阎立本两兄弟将这六匹战马雕刻在大青石上，置于昭陵之前，希望你们二人认真对待此事，不得有误。

李世民

卖胡帽啦

卖胡帽啦，卖胡帽啦，来自西域的最新款胡帽，一顶只要五十文钱。小伙子戴了我的胡帽，立马变得时尚又帅气，姑娘们戴了我的胡帽，立马变得时髦又漂亮。大家快来买呀，还剩最后二十顶，晚了就卖光了。

胡人风尚铺

第 2 期

公元650年——公元653年

再次进宫

远则不济

穿越报
CHUANYUE BAO

【烽火快报】
- 一首《如意娘》，打动了新皇帝的心

【叱咤风云】
- 皇帝和尼姑有了私情
- 王皇后的如意算盘

【名人有约】
- 特约嘉宾：王皇后

【广告铺】
- 更改义仓税的诏书
- 赤黄色为帝王专用
- 织染署招工启事

穿越必读 CHUANYUE BIDU

　　在唐太宗的病榻前，太子李治和才人武媚娘两情相悦。太宗病逝后，李治登基做了皇帝，武媚娘却被送到感业寺做了尼姑。虽然媚娘知道李治一定会再想起她，可是，那到底是什么时候呢？武媚娘从来都不是一个被动的人，她决定主动出击！

一首《如意娘》，打动了新皇帝的心

——来自长安的加密快报

这是公元650年，新皇登基已经快一年时间了，近日，一首名叫《如意娘》的诗从感业寺中传出来，全诗的内容是这样的：

看朱成碧思纷纷，憔悴支离为忆君。

不信比来常下泪，开箱验取石榴裙。

意思是，我是如此思念你，以致茶饭不思，精神恍惚，把红的看成绿的，扁的看成圆的。如果你不相信，就打开箱子看看我的石榴裙，那上面的斑斑点点，全是我思念你时流下的泪水。

看得出，这是一首感人肺腑的情诗，表达了作者对情人深深的思念之情。

奇怪，一首情诗怎么会从感业寺里流传出来？它的作者是谁，难道是个尼姑？

据说这首诗传到新帝李治耳中后，李治精神恍惚了很长一段时间，然后他做出一个决定：去感业寺上香！

李治跟这首情诗有什么关系呢？记者将跟随一起前往。

长安八百里加密快报！

皇帝和尼姑有了私情

上香的日子是公元650年五月二十六日，这天也是先皇李世民驾崩的一周年纪念日。按照惯例，这一天新皇帝要去寺院上香，为先帝祈福。

可是长安寺院这么多，李治为什么毫不犹豫地选择了感业寺呢？聪明的读者一定猜到了，那首文采斐然的情诗就是武媚娘写给李治的。而李治选择到感业寺上香，当然是想借此机会，跟媚娘见上一面了。

武媚娘等啊等，等了整整一年，终于盼来了李治。两个人一见面，武媚娘的眼泪立刻夺眶而出。李治原本就是个多愁善感的人，见武媚娘泪眼婆娑，也忍不住湿了眼眶。

两个人你看我，我看你，双双眼泪长流，场面十分感人。

从这以后，李治就频频出现在感业寺中，名义上是上香，可一个皇帝那么忙，哪有那么多香要上？

渐渐地，一些风言风语从感业寺中传出来：

"听说陛下看上了感业寺里的一个尼姑。"

"听说这个尼姑还是先帝的才人呢。"

"听说陛下做太子的时候，就和这个尼姑有私情了。"

……

时间一长，流言传到了后宫，被王皇后知道了。王皇后听了这些流言会怎么想？记者将继续为您跟踪报道。

王皇后的如意算盘

据报道，当王皇后听说李治和一个尼姑有私情时，不但没有生气，反而面露喜色，到处派人打听这个尼姑的消息。这是怎么回事？

原来，王皇后和李治是包办婚姻。虽然皇后性格沉稳，品行端庄，也是个美人，但李治就是不喜欢她。在皇宫里，李治最宠爱的是萧淑妃，还跟她生了一个儿子和两个女儿。

眼看萧淑妃的地位越来越稳固，气焰也越来越嚣张，王皇后暗暗着急。所以，当李治迷上武媚娘时，王皇后不但不生气，反而有点幸灾乐祸。

接着，王皇后打起了如意算盘：如今在后宫中，已经难以找出一个能与萧淑妃抗衡的人了，这个武媚娘出现得刚刚好，正好可以利用她来打败萧淑妃。

于是，王皇后悄悄派人去感业寺，叫武媚娘蓄起了长发。

公元651年的一天，王皇后见时机成熟了，就对李治说："陛下，不如把那个武媚娘接到宫里来吧。"

李治一听大喜，其实他早想这么做了，只因武媚娘是个尼姑，又做过先帝的才人，所以一直拉不下脸提这件事，如今皇后主动提出来，李治真是求之不得，将皇后大大地表扬了一番后，立刻准备轿辇，欢欢喜喜地把武媚娘接进了皇宫。

后宫险恶，要如何生存

穿穿老师：

你好。自从我进宫后，陛下对我非常宠爱，将我册封为二品昭仪。我也给陛下生了一个儿子，叫李弘。

照理说，我应该觉得幸福才对，可我却觉得压力很大。皇后对我越来越警惕，甚至开始排挤我。当初她让我进宫，不过是把我当作一枚棋子，用来打压萧淑妃。现在萧淑妃失宠了，皇后又开始打压我。

更可怕的是，萧淑妃失宠后，和皇后结成联盟，两个人天天在陛下面前说我坏话，一心想把我整垮。我该怎么办？我又不像王皇后和萧淑妃，家里有权有势，受了什么委屈，还有父母兄长替她们撑腰。我什么都没有，什么都要靠自己。可是后宫如此险恶，我一个人孤零零的，要怎样才能生存下去？

武昭仪

武昭仪：

你好。现在应该怎么办，其实你心中早就有了答案吧。要想在险恶的环境中生存，只有不断让自己变强，等你成为最强的那一个人时，别人就拿你无可奈何了。如今摆在你面前的只有一条路，那就是打败皇后，取而代之！这应该也是你目前的打算吧。

最后祝你成功！

《穿越报》编辑 穿穿

昭仪和皇后公开叫板

皇后可真糊涂啊！她以为叫来武昭仪就可以打败萧淑妃了？追根究底，她就不是皇帝喜欢的那一款，她叫一万个女人来帮她，都没有用啊，她怎么连这个都不明白呢？现在好了，引狼入室了吧！

宫女惠莲

这个武昭仪可不简单啊，生个儿子居然取名叫李弘。"弘"可不是一般的名字，据说凡是叫这个名字的人，都是太上老君的化身，是人中龙凤啊！武昭仪给儿子取这个名字，是想他将来当皇帝吗？这不是在跟皇后叫板吗？

当铺老板

是啊，皇后没有自己的儿子，可也有个养子李忠啊，而且已经被立为太子了。皇后这派是绝对不允许别人觊觎这个位置的。当初陛下封萧淑妃的儿子为雍王的时候，皇后就很不高兴。雍是什么？就是帝都长安！一般只有皇后的儿子才能被封雍王，陛下却把这个封号给了萧淑妃的儿子，皇后不急才怪。

某民间艺人

说白了，武昭仪就是想当皇后，可皇后哪是那么好当的。再说王皇后背后的势力也是不容小觑的，连皇上都不敢轻易得罪，武昭仪想把王皇后拉下马，我看啊，悬！

茶馆老板

31

越越 大嘴记者

王皇后 特约嘉宾

嘉宾简介：她身份高贵，出身于当今声名最显赫的五大家族之一；她容貌美丽，知书达理，十四五岁就被选为太子妃；她性格沉稳、端庄，是天下所有大家闺秀的模范。可奇怪的是，这样一位美丽、高贵、端庄的女人，却就是得不到丈夫的喜欢。

越　越：皇后您好，您的气色看上去不大好，要多多注意休息啊！

王皇后：（微微点头）让你见笑了，越越，不知你有什么问题要问。

越　越：我老听别人说"五姓七望"，但是不知道这"五姓七望"到底是什么意思，皇后能给我解释一下吗？

王皇后：好的。"五姓"，是指当今声名最显赫的五个世家大族：崔家、卢家、李家、郑家和王家。其中崔家和李家各有一个分支，所以又称"七望"，合起来就是"五姓七望"。我刚好是这"五姓七望"之一——王家的女儿。

越　越：听说在当今社会，能否娶到"五姓"家的女儿，是衡量一个男人是否成功的标准，对吗？

王皇后：（笑而不语）

越　越：这么说是真的喽。陛下能娶到您，应该也是很高兴的吧。

王皇后：（黯然失色）当初他娶我的时候，还只是一个小小的晋王，自然不会多说什么。后来他做了太子，如今又当了皇帝，成了世上地位最显赫，权力最大的人，又怎么会把一个小小的王家看在眼里？

越　越：皇后您别这么说。不管怎样，王家的势力还是不容小觑的，再加上五大家族之间的关系盘根错节，一荣俱荣，一损俱损，所以皇上就算对您有什么不满意的，也不敢拿您怎么样。

王皇后：话虽这么说，可是一个女人得不到丈夫的爱，要靠家族来保全自己的地位，不是太悲哀了吗（拭泪）？

越　越：皇后，那您有没有想过，陛下他为什么不喜欢您呢？

王皇后：我怎么知道？我有什么地方做得不好吗？这么多年来，我事事小心翼翼，努力做一个贤惠的妻子。陛下登基后，我把后宫打理得井井有条，尽力做一个母仪天下的皇后，我还有哪里做得不好吗？

越　越：也许正是因为您太贤惠、太端庄了，皇后。

王皇后：（皱眉）你这是什么意思？

越　越：我是说，陛下与先帝不同，他不喜欢那种太过端庄的女人，相反，他更喜欢充满活力、热情开朗的女人。

王皇后：你是说像萧淑妃和武媚娘那样的狐狸精？

越　越：……

王皇后：哼，要我像萧淑妃和武媚娘一样，整天打扮得花枝招展，跟个狐狸精一样媚惑陛下，那是不可能的！

越　越：皇后，您可能有些误会了，其实萧淑妃和武媚娘也并不是……

王皇后：不是什么？越越，我看你总向着她们俩，该不会是她俩派来的奸细吧？

越　越：冤枉啊，皇后！

王皇后：（眯起眼睛）是吗？

越　越：（装模作样看看手表）啊，差点忘记了，我还有另一个采访，今天就到此为止吧。再见，皇后，您多多保重！

广告铺

更改义仓税的诏书

义仓，是国家专门为赈济灾民设置的仓库。以往义仓按照田地收税，每亩征二升粟，可此举过于麻烦，因此改为按户收税，上上户征五石粟，请广大官员做好相应调整，不得有误。

李治

赤黄色为帝王专用

再一次严正申明，赤黄色为帝王专用，除了皇帝，其他人等一律不得擅自穿赤黄色衣服，一经发现，必严惩不贷。

李治

织染署招工启事

众所周知，织染署隶属于少监府，是专门为天子、太子和大臣们织造衣服和帽子的机构。现织染署急缺人才，因此向全国各地招聘织工五十名，要求：年龄在20～45岁，有五年以上相关工作经验，并有地方长官的推荐书。

少监府

第3期
公元654年—公元655年

滴血的皇后之路

去邪不养

穿越报
CHUANYUE BAO

穿越必读 CHUANYUE BIDU

　　要想在深宫中生存下去，就必须不断让自己变强，直到没有对手。于是武媚娘将目标锁定为皇后。为了扳倒王皇后，武媚娘不惜一切代价，用尽手段，最后如愿以偿地击败了王皇后。那她付出了什么样的代价呢？

小公主离奇死亡，是谁下的毒手

——来自长安的加密快报

公元654年，皇宫中传来一个噩耗，一位不满周岁的小公主突然死亡，死因暂时不明。

小公主的亲生母亲不是别人，正是武媚娘。媚娘抱着女儿的尸体，哭得死去活来，李治也在一旁默默垂泪。

哭了一会儿，武媚娘突然问："好端端的孩子，怎么突然死了呢？"

宫女们也不知道是怎么回事，吓得大哭。

"刚才有谁来过？"武媚娘又问。

"皇后，皇后刚刚来看过小公主。"宫女们赶忙说。

武媚娘一听，抱着女儿号啕大哭。

李治似乎明白怎么回事了，立刻火冒三丈："皇后那个毒妇，竟然杀了我的女儿！"说完便把皇后找来对质。

王皇后自然不肯承认，哭着说自己的确来看过小公主，可只是逗了逗她，并没有害她。

可是，如果凶手不是王皇后，那么到底是谁呢？

长安八百里加密快报！

关于小公主的死亡调查

　　小公主已经下葬了，可关于小公主的死因调查还没有结束。因为这件事情实在是太诡异了，谁有那么大的本事，能在众目睽睽之下，不留痕迹地杀掉金枝玉叶的公主？

　　武媚娘一口咬定，是王皇后杀了她女儿，李治也认为凶手就是王皇后。想想看，王皇后和李治结婚那么多年都没生下一儿半女，而武媚娘进宫才短短两三年，就先后生下了一位皇子和一位公主。王皇后一时妒火攻心，杀掉武媚娘的孩子也是有可能的。

　　可也有人说，王皇后虽然妒忌武媚娘，可她毕竟是名门闺秀，从小就有良好的教养，又是一国之母，不会干出这种事情来。更何况，王皇后真要下毒手，目标也该是皇子李弘，而不是一个刚生下来没多久的小公主。

　　如果凶手不是王皇后，那又是谁呢？

　　有人说，可能是宫女们疏忽，导致小公主窒息而死。

　　还有人说，这事没准儿是萧淑妃干的，这样既打击了武媚娘，又陷害了王皇后，真是一箭双雕！

　　可立刻有人出来反对说，萧淑妃脾气火爆，性格直率，不像这种有心计的人。

　　就在人们议论纷纷的时候，有人爆出一个惊天内幕：杀死小公主的不是别人，正是她的亲生母亲——武媚娘！

这就奇怪了，作为母亲的武媚娘为什么要害亲生骨肉呢？

原来，武媚娘为了扳倒王皇后，可谓是处心积虑、煞费苦心，她在皇后身边安排了无数眼线。可是王皇后行事谨慎，一直让她抓不着把柄。

武媚娘生下小公主后，王皇后作为嫡母常常来探望小公主。武媚娘在一旁看了，心生一计——杀了小公主，嫁祸给王皇后！

说到这，大家肯定都吓了一跳。都说血浓于水，难道真的要为权力和地位牺牲亲生骨肉吗？看看摇篮里天真活泼的小女儿，再想想光明远大的前程。武媚娘自己也陷入过矛盾中，思前想后了好一阵，最终还是选择了后者！

女儿可以再生，机会却只有一次！

这天，王皇后又来探望小公主，等她走后，武媚娘就偷偷溜

进来，狠了狠心，用被子将小公主捂死了。等到李治下了朝来看望，一掀开被子，小公主早已经断了气。

李治傻眼了，武媚娘装模作样号啕大哭，还不忘问上一句"刚才有谁来过"。于是，王皇后成功被武媚娘诬陷。

如果事实真是这样，那么这个武媚娘就太可怕了。

当然，爆料归爆料，小公主究竟是怎么死的，是意外死亡，还是被谋杀？如果是被谋杀，那么凶手是王皇后，还是武媚娘？这些恐怕已经无据可考了。不过有一点可以肯定的是，通过这件事，李治对王皇后的厌恶达到了顶点，只怕皇后的地位不保了。

要废后，先试探试探大臣

小公主死亡这件事已经过去一段时间了，李治终于下定决心要废掉王皇后，立武媚娘为皇后。他知道会有大臣反对，所以早早给王皇后罗列了四大罪状。

第一宗，皇后没有子嗣。不孝有三，无后为大。这条定律在皇室中同样适用。

第二宗，皇后是个妒妇，先是打压萧淑妃，后又排挤武媚娘，这样的女人不配成为一国之母。

第三宗，皇后不谦虚，她的亲戚在宫里横冲直撞，见了妃嫔也不行礼，太没规矩了。

第四宗，也是最重要的一宗罪，皇后品性恶毒，连皇帝的亲生女儿都敢下毒手，把这种女人留在后宫，李家皇室随时有断子绝孙的危险。

可李治心里还是没底，他不知道朝中哪些大臣支持，哪些大

臣反对，于是决定先试探试探大臣们的态度。最先试探谁好呢？
就长孙无忌吧。

　　长孙无忌是三朝元老，位居凌烟阁二十四功臣之首，任朝廷
要职，又是太宗亲自安排的顾命大臣，只要他点头，其他一切都
不成问题。而且长孙无忌是长孙皇后的亲哥哥，李治的亲舅舅，
舅甥之间应该比别人更好说话。

　　　　　　　　打这以后，李治隔三差五就
　　　　　　往长孙无忌的府上跑，和舅舅喝
　　　　　　喝酒，聊聊天，给舅舅的几个儿
　　　　　　子都封了官，还派人送来一堆金
　　　　　　银宝器，绫罗绸缎。对于皇帝的
　　　　　　封赏，长孙无忌全都乐呵呵地接

皇上肯定有
求于我！

受了。

李治见时机差不多了，转入正题："舅舅，我虽然是皇帝，可皇后却一直没有儿子，真是可惜呀。"

"是啊，可惜啊！"长孙无忌说。

"武昭仪倒是生了一个儿子。"李治故意说。

"是啊，可喜可贺啊。"长孙无忌说。

李治伸长脖子等着舅舅的下文，谁知长孙无忌却没有下文了。李治明白了，舅舅这是不同意自己废后呢。

如此三番两次，李治碰了一鼻子灰，只好悻悻地放弃了。

跟皇帝作对，绝不会有好果子吃

现在朝中大臣分为三派，一派拥护陛下废后，一派反对废后，还有一个中间派，这下有热闹看啦！

猎人阿贵

我看啊，关键要站对队伍才行。陛下整出这么大的动静来，是铁了心要废掉王皇后。那些反对废后的人，不是在跟陛下叫板吗？

那个叫裴行俭的长安县令，听说他私下议论武昭仪，说她心术不正，要是当上了皇后，国家一定遭殃。这不被贬官了吧。他也不想想，武昭仪是能随便议论的吗？不定哪天真的就成皇后了呢。

镖师老张

是啊，还有一个叫许敬宗的，因为站对了队伍，被提拔上去了，听说现在当上了礼部尚书。

某小贩

所以说，要想在朝廷中混得风生水起，就得看皇帝的脸色行事。跟皇帝作对的人，是绝不会有好下场的。像长孙无忌，即便是三朝元老、朝中重臣，可他现在得罪了皇上和武昭仪，将来一定不会有好果子吃。

罗裁缝

一再被诬陷的王皇后

穿穿老师：

　　你好，我这辈子做过最后悔的一件事，就是把武媚娘招进宫里来。这个女人实在是太可怕了，萧淑妃跟她比起来，根本就不值一提。

　　在认识武媚娘之前，我真不敢相信一个女人的心肠能狠到这种地步，为了当皇后，连自己的亲生女儿也不放过，还有什么是她干不出来的？前几天，她又在陛下面前打我的小报告，说我和我母亲用厌（yā）胜之术（编者注：厌胜之术即用来诅咒敌人的一种巫术）害她。陛下勃然大怒，禁止我母亲再进宫，又把我舅父贬到了偏远的地方。

　　如今我在宫里孤立无援，只能任人宰割，这都是拜武媚娘所赐。

　　武媚娘一而再、再而三地诬陷我，未免也太卑鄙了。虽然我也不喜欢她，可我从来没想过置她于死地啊！我真不敢想象，如果哪一天她真的做了皇后，会怎样对付我。恐怕到时候，我只有死路一条吧。

王皇后

皇后：

　　您好。对于您的不幸遭遇，我们深表同情。也许您猜得没错，哪一天武媚娘真的做了皇后，一定不会放过您。可是对于将来的事，我们也无能为力，还请您多多保重身体，该吃吃，该喝喝，好好享受生活。

《穿越报》编辑　穿穿

终于登上皇后宝座

自从李治起了"废后"的念头，拥护派和反对派就一直在争吵，闹了都快一年了。

公元655年九月，李治宣布退朝后，把四位宰相——长孙无忌、褚遂良、于志宁和李勣（jì）留了下来。四位宰相一听明白了，皇上这是要跟他们摊牌呢。

大家都不同意废后，可到底由谁去跟皇帝说呢？

褚遂良说："皇上下定决心废后，谁要是反对，一定没有好果子吃。长孙大人是国舅，李大人是功臣，不

能让你们来承担这个罪名，还是由我来说吧。"

"好好好，就由你来说。"李勣说，"我有点不舒服，先告退了，麻烦你们替我跟陛下请个假。"说完赶紧溜了，剩下三人面面相觑。

这人是怎么回事？原来李勣怕惹祸上身，不愿意掺和这件事，所以找了个借口溜了。

不一会儿，李治便召见了他们。李治开门见山地说："作为一国之君，不能没有子嗣。如今皇后没有儿子，武昭仪有儿子，我想废掉王皇后，立武昭仪为后，你们看怎么样？"

长孙无忌和于志宁都不说话，褚遂良上前一步答："皇后是先帝亲自挑选的儿媳。先帝临终前还跟我说：'我的好儿子、好儿媳就托付给你了。'这话陛下是亲耳听到的。如今皇后没犯什

不可废后啊，皇上！

么大错，陛下却要废掉她，恕臣万万不能从命。"

褚遂良一上来就拿先帝压李治，这让李治很恼火，可又没法儿反驳，一场君臣会议就这样不欢而散。

第二天，李治又把几位宰相留下来，继续讨论昨天的话题。

这一次，李勣干脆连朝都没上。

褚遂良依旧不肯松口："陛下就算要另立皇后，也不是非立武昭仪不可。武昭仪做过先帝的才人，立她为皇后，不但有损陛下的英明，还会给国家招来祸患。"

求陛下罢免了我的官职！

说着往地上一跪，"无论如何我都不同意立武昭仪为后，请陛下免罢了我的官职，让我回家种田去吧。"

李治气得差点儿吐血，大喊："来人，把他给我架出去！"

这时，一个怒气冲冲的女声从帘子后面传来："为什么不把这个老东西打死！"

话音一出，把大家吓了一跳，原来武媚娘一直坐在帘子后面听着呢。于是这场会议又不欢而散。

正当李治郁闷不已的时候，他突然想到一个人——李勣！这个人一连几次托病不来，多半有些不同意见。

于是李治找来李勣，问："王皇后没有儿子，武昭仪有儿子。我想废掉王皇后，立武昭仪为后，你看怎么样？"

"这是陛下的家事，何必跟外人商量。"李勣微笑着说。

李治眼前一亮，这正是他想要的回答！

礼部尚书许敬宗也在一旁煽风点火："庄稼汉多收了十斗小麦，还想换个新媳妇呢，难道天子连个庄稼汉都不如？"

终于，李治下定了决心。公元655年十月，李治颁布诏书，将王皇后和她的同党萧淑妃贬为庶人，囚禁在宫中，将她们的亲人也都流放到岭南。

六天后，李治又颁布诏书，立武媚娘为皇后。

越越 大嘴记者

武媚娘 特约嘉宾

嘉宾简介：她十四岁进宫，做了太宗的才人，却因为性格大胆出众，不被太宗喜欢。太宗病逝后，她被送到感业寺当了尼姑，两年后却再次进宫，成了高宗的昭仪。现在，她又想尽办法打败了王皇后，不得不说，她是一个野心勃勃的女人！

越　越：皇后您好，听说您被册封的那天，文武百官和四夷酋长都来朝拜您了，这在中国历史上可是头一遭啊！

武媚娘：怎么？我担当不起吗？

越　越：不不不，您完全担当得起。听说在废后的过程中，您虽然没有直接出面，可却一直在暗中充当陛下的军师，是这样的吗？

武媚娘：这一点我承认。陛下这个人吧，什么都好，就是不够果断，我要是不在一旁给他出谋划策，坚定他的信心，事情也不会进展得这么顺利。

越　越：其实，这不仅是一场废后战争，还是一场政治较量，对吧？

武媚娘：没错，长孙无忌和褚遂良两个老东西，仗着自己是先帝留下来的顾命大臣，从来不把陛下放在眼里，陛下这次要是退让了，以后岂不是要被他们两个牵着鼻子走？

越　越：我听说褚遂良被贬官了？

武媚娘：嗯，被贬到潭州当都督去了，那里挺适合他的。

越　越：（默默为褚遂良哀悼）对了，他们当初为什么那么反对您当皇后呢？

武媚娘：哼，他们吵来吵去，无非是为了自身的利益。因为

王皇后一旦被废，政局必然发生改变，而他们一个个又是朝中重臣，必定会首当其冲。

越　越：呃，应该还有别的原因吧。

武媚娘：这群老顽固，坚持认为王皇后是先帝选中的媳妇，所以不能废。哼，他们以为这样就能表达自己对先帝的忠心了？

越　越：还有其他原因吗？

武媚娘：他们对我也不满意。

越　越：为什么？

武媚娘：一来我出身低微，他们认为只有世家大族的女儿才有资格当皇后。二来我做过先帝的才人，名声不大好听。

越　越：那您和皇上有没有作出反驳呢？

武媚娘：这个在册封诏书中说得很清楚了。一来我们武家的门第也不差，是功臣之后，二来我虽然做过先帝的才人，可先帝在世的时候，就把我赐给陛下了……

越　越：咦，先帝早就把您赏赐给陛下了吗？这是什么时候的事？

武媚娘：当年先帝病重，陛下每天在床前尽心照料，先帝非常感动，就把我赐给陛下了。

越　越：奇怪，这事儿我们的通讯员怎么没记录下来呢？皇后，您不会记错了吧？

武媚娘：（竖眉）你怀疑我说谎？

越　越：不敢不敢，既然您说有这回事，那就有吧。好了，今天的采访就到这里了，皇后再见了，祝您扶摇直上，一日千里！

广告铺

欢迎来大食商铺

我是一名大食人（即阿拉伯人），现于长安城北开了一家商铺，专售来自大食的特产，有香料、药材、珠宝、琉璃、火油、豌豆、丁香等，欢迎大家来我商铺选购。

另外，我还是一个非常喜欢交朋友的人，对大唐文化也非常感兴趣。谁要是想跟我探讨大唐文化与大食文化之间的差异，本人也热烈欢迎！

大食商铺

买春饼，就来张记点心铺

再过几天就立春了，立春吃春饼是我们唐朝人的习俗。哪家的春饼最香最薄最好吃？来我们张记点心铺就知道了。在盘中放几张张记春饼，再添几片新鲜的生菜，就成了一道营养又美味的春盘。

在立春之际，本店将举办一场优惠大酬宾活动，春饼买一斤送半斤，其他点心买一斤送二两，好机会可千万别错过哦！

张记点心铺

第1关

智者无敌 王者为大

1. 中国历史上的第一个女皇帝是谁？
2. 武则天第一次进宫时受到李世民的宠爱了吗？
3. 唐太宗为什么要废掉太子李承乾？
4. 李承乾被废后，唐太宗立谁为新太子？
5. 唐太宗死后，武则天去了哪里？
6. 武则天的第一个儿子叫什么？
7. 王皇后为什么劝唐高宗将武则天接进皇宫？
8. "五姓七望"是什么意思？
9. 在唐朝初期，能否娶到"五姓"家的女儿是衡量一个男人是否成功的标准吗？
10. 义仓是什么？
11. 武则天的第一个女儿是王皇后杀的吗？
12. 在唐高宗废后的过程中，长孙无忌支持王皇后还是武则天？
13. 凌烟阁二十四功臣之首是谁？
14. 什么是厌胜之术？
15. 武则天哪一年被立为皇后？
16. 大臣们反对武则天当皇后的理由是什么？

穿越报
CHUANYUE BAO

【烽火快报】
- 王萧二人被杀，死状惨不忍睹

【绝密档案】
- 二人被杀的前因后果

【叱咤风云】
- 太子被废，李弘成为新太子
- 国舅谋反了！

【名人有约】
- 特约嘉宾：李治

【广告铺】
- 高宗的诏书
- 明日举行亲蚕之礼
- 帝后同游并州

第 **4** 期

公元655年——公元659年

初露锋芒

武则天青

 穿越必读 CHUANYUE BIDU

　　武则天如愿以偿当上了皇后，可她并没有停止追逐的脚步。为了稳固自己的地位，她先是消灭了王皇后和萧淑妃，接着又除掉了一帮曾经反对她的臣子，在这个过程中，武则天一步一步显露出自己非凡的政治智慧和铁血手腕。

王萧二人被杀，死状惨不忍睹
——来自长安的加密快报

长安八百里加密快报！

公元655年，武媚娘被册封还没过多久，皇宫里又发生了一件大事：王皇后和萧淑妃死了，而且死状非常惨！

据一个宫女回忆，二人的手脚都被砍断了，尸体上湿答答的，发出一阵阵浓浓的酒味，好像在酒缸里泡过一样。这不由让人想起一个词——人彘（zhì），彘就是猪的意思。

人彘是汉朝的吕后发明的。汉高祖刘邦在世时，非常宠爱戚夫人，在她的挑唆下，差点废掉太子刘盈，也就是吕后的儿子。刘邦死后，吕后为了报复戚夫人，将她的手脚全部砍掉，丢进厕所里，让她受尽折磨，慢慢死去，还把这种酷刑称为"人彘"。

如今历史重演，那么，这次的"施刑者"又是谁呢？

人们第一个想到了武皇后！武皇后怕二人东山再起，所以干脆来个斩草除根，这一点儿也不奇怪。

还有人断言说，这事儿一定是武皇后干的，因为除了她，不会再有第二个人！

二人被杀的前因后果

　　为了让武媚娘当上皇后,皇帝把王皇后和萧淑妃贬为庶人,关进了太极宫的一个小院落里。

　　一天,李治心血来潮,想去看看她们,谁知这一去,让李治大吃一惊。只见院落门窗紧闭,里面黑漆漆的,只在墙上留了一个小洞。每天,宫人把饭菜从这个洞里送进去,再把空碗从洞口拿出来。

　　这两人过的是什么日子啊?

　　李治一阵心酸,在洞口轻轻呼唤:"皇后、淑妃在吗?"

　　里面立刻传出王皇后的抽泣声:"我们已经被贬为宫女了,陛下何必再用此尊称?"

　　李治听了,又是一阵心酸。

这时王皇后又哭着说："如果陛下念及往日的恩情，让我们重见天日，请把这个院子改名为'回心院'，我们愿在这里终生思过。"

李治点点头说："我会安排的。"

没想到，这件事很快传到了武媚娘耳中。武媚娘又惊又怒，她当上皇后还没多久，地位还不稳固，如果李治一时心软，把王皇后和萧淑妃放出来，那情况就不妙了。

于是，武媚娘怒气冲冲地来到院落，把王皇后和萧淑妃各打了一百大板。打完还不解气，又命人砍下她们的手脚，丢进酒缸里。

"你们不是想重见天日吗？在酒缸里做你们的春秋大梦去吧！"武媚娘冷笑说。

王皇后和萧淑妃在酒缸里一连泡了很多天才死，死得非常凄惨。

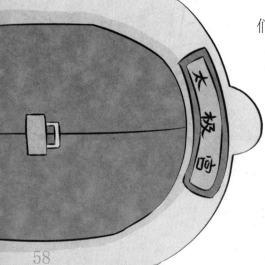

武媚娘还不解气，又让人砍下她们的脑袋。可还不解气，又把王皇后的姓改为"蟒"，萧淑妃的姓改为"枭"。

这下武媚娘终于满意了，放眼整个后宫，再没有一个人能与她作对，也不敢与她作对了。

据说王皇后知道武媚娘要杀

她时，表现得十分从容。她拱手拜了两拜，说："愿大家长命百岁。现在昭仪正承恩宠，死是我的本分。"

　　萧淑妃就没那么淡定了，指着武媚娘的鼻子破口大骂："武媚娘你这个狐狸精，把我害得这么惨。愿来生我变成一只猫，你变成老鼠，生生世世追杀你！"

　　这就是王皇后和萧淑妃被杀的前因后果。可有人提出疑问，王皇后和萧淑妃即使被贬为庶人，可一个是前皇后，另一个是一位皇子和两位公主的母亲，不是随随便便就能杀掉的吧。所以有人猜测，即便二人是被武皇后杀的，其中也一定有皇上的旨意。

　　可是，皇上为什么那么狠心，竟然杀掉了十几年的结发夫妻和曾经的宠妃呢？这多半还是武媚娘怂恿的。

太子被废，李弘成为新太子

公元656年正月初六，人们刚刚过完除夕，全国都沉浸在节日的热闹气氛中，这时李治下了一封诏书，将原太子李忠贬为梁王，立李弘为太子。

对于这件事，人们并没有感到奇怪，太子被废是迟早的事，谁叫他不是武皇后的儿子呢？

大家知道，李忠的母亲是一个宫女，地位十分低贱，所以太子之位本来是轮不到李忠的，只是王皇后一直生不出儿子，李忠便成了她的养子而他又是李治的长子，所以在这种情况下才成了太子。可如今的皇后武媚娘有两个儿子——李弘和李贤，所以再怎么轮，也轮不上李忠了。

于是，武皇后忠心耿耿的支持者——礼部尚书许敬宗给皇帝上了一封奏折，说："太子就好比天上的太阳，当初立太子的时候，太阳还没有出现，所以暂且拉了个彗星来照亮，如今太阳已经出现了，怎能还让彗星代替太阳呢？"

李治听了很高兴，因为许敬宗正好说出了他的想法。

许敬宗抓住时机，又说："而且太子自己也明白，他不是皇后生的，心里也正不安呢。太子心里不安，对国家来说可不是件好事啊！"意思是，万一哪天太子一个想不通，造起反来可就糟糕了。李治一听，更加坚定了废除太子的决心，当天就颁布诏书，将太子李忠降为梁王，立李弘为新太子。

一再被贬，寒透了老臣的心

穿穿老师：

　　你好。我是褚遂良，原本是当朝宰相，因为反对武媚娘做皇后，被贬到潭州做了都督，后来又被贬到桂州做都督，如今又被贬到爱州当刺史。我知道一切都是我咎由自取，谁叫我得罪了武皇后呢？可是陛下不顾我年老体衰，曾为朝廷立下过汗马功劳，一而再、再而三地将我贬黜，真是让我心寒啊！

　　前两天，我给陛下写了一封奏折，里面提到了当初我为陛下力争太子之位的事，以及太宗皇帝临终前，如何将陛下托付给我和长孙无忌的事。我希望这封奏折能打动陛下的心，让他回心转意，将我调回中央，那我就死而无憾了。

褚遂良

褚大人：

　　您好。您为朝廷做的贡献，大家都看在眼里呢。可是千不该，万不该，您不该给皇上写这封奏折。为什么呢？皇上之所以一再贬你，也不全是因为你得罪了武皇后，还有很大一部分原因，是您仗着自己劳苦功高，不把皇帝放在眼里，不尊重皇帝的意见和决策。比如当初废后那会儿，您表现得就太过激烈了。

　　如今，您又把自己的功劳提了一遍，皇上看了肯定会不高兴，不杀你就不错了。所以，褚大人您也别指望陛下将您调回来了，还是自己多多保重吧。

《穿越报》编辑　穿穿

国舅谋反了!

公元659年发生了两件大事，一件是褚遂良病逝，另一件则是长孙无忌因谋反未遂，上吊自杀！在同一年里，国家失去了两位宰相，百姓们的心情都很沉重，同时大家也产生了疑问：国舅好端端的为什么要谋反呢？

事情还得从一场朋党案件说起。

公元659年四月，有人告发两位官员结交朋党，图谋不轨，李治立刻派宰相许敬宗去查（由于当初站对了队伍，这时许敬宗已经从礼部尚书一跃成为当朝宰相）。许敬宗查来查去，最后查出这两人结交的"朋党"不是别人，正是国舅长孙无忌！

而且这群人不仅结党营私，还准备造反呢！

李治非常震惊，说："舅舅受小人挑拨，对我产生猜疑是有可能的，可是他有必要谋反吗？"

许敬宗就说："陛下，如今他们的反状已经显露出来了，请陛下不要再怀疑，否则对江山不利啊！"

李治一听，有些半信半疑了，哀伤地说："我们家真是不幸啊，为什么总有亲戚造反？当年高阳公主和房遗爱就想造反，如今舅舅又要反，我真是没脸见人了。如果这事儿是真的，我要怎么办才好？"

第二天，许敬宗又来报告："昨晚我连夜再审，犯人已经承认与国舅勾结谋反的事情了。当初长孙无忌、褚遂良和柳奭（shì）力保梁王做太子，如今梁王太子位被废，皇上又和国舅产生了嫌隙，国舅心里惴惴不安，因此才想要造反的。"

李治想了想，还真是这么回事，顿时热泪滚滚而下："就算舅舅真的要反，我又怎么忍心杀掉他？如果杀掉他，让天下人怎么看我，后人怎么看我？"

见李治还在犹豫，许敬宗只好再次充分施展自己巧舌如簧的本领："陛下，古人有句话说得好，当断不断，反受其乱。如今已经到了安危存亡之际，国舅不再是国舅，而成了汉朝时的王莽、三国时的司马懿。陛下如果再犹豫不决，等发生变故就太晚了啊！"

听了这话，李治终于下定决心，罢免了长孙无忌的官爵，把他发配到黔州去了。

三个月后，李治又派人去黔州重审长孙无忌。长孙无忌心里明

为何总有亲戚想造反？

白，自己一天不死，这事儿一天没完，于是长叹了一口气，上吊自杀了。

随着长孙无忌的去世，这场谋反案也终于告一段落。不过有人提出疑问，国舅真的谋反了吗？说他谋反，似乎并没有什么确切的证据，而且国舅自己也没有认罪，会不会从头到尾都是许敬宗在栽赃嫁祸？

还有人说，国舅到底有没有谋反，这事儿武皇后心里最清楚。因为许敬宗是武皇后的心腹，而长孙无忌又得罪过武皇后，所以这一次长孙无忌根本就是被武皇后所陷害的！

唉！看来只有我死，这事才能结束。

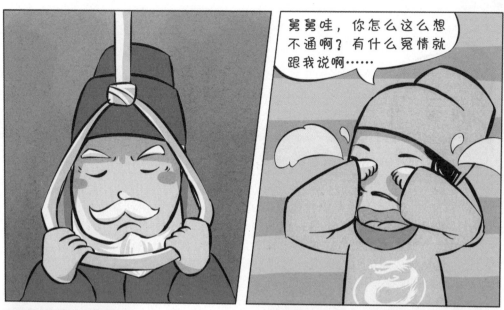

名人有约 MINGREN YOU YUE

越越 大嘴记者

李治 特约嘉宾

嘉宾简介：提起他，人们首先想到的，不是他的父亲，就是他的妻子。他的优点是仁慈、多情；他的缺点是太仁慈、太多情。人们说，他是一个怕老婆的男人，说他太软弱，但总的来说，他还算是一位明君，只是身边的皇后太耀眼，遮住了他的光芒而已。

越　越：陛下您好，关于长孙无忌造反这件事，我们还有一些疑问，希望您能替我们解答一下。

李　治：（揉了揉太阳穴）说吧。

越　越：请问您真的相信长孙无忌造反吗？

李　治：这有什么奇怪的，反正我的亲戚们造反也不是第一次了。

越　越：咦？之前是谁？

李　治：房遗爱你知道吧，他是宰相房玄龄的儿子，娶了我的姐姐高阳公主为妻。他们夫妻两个原本和魏王李泰是一伙的，后来魏王垮台了，房遗爱也被贬到房州做了刺史。谁知道他们夫妻两个到了那边也不老实，成天和一群乌七八糟的人搅在一起，还打算发动一场政变，逼我下台，立我的一个叔叔为皇帝。

越　越：后来呢？

李　治：后来事情被人揭发了，房遗爱夫妇和他的同伙也被一网打尽。我记得这件事儿还是长孙无忌去办的。唉，真是风水轮流转，没想到这才过了几年，长孙无忌也造反了。

越　越：可是陛下，房遗爱造反和长孙无忌根本是两码事嘛。我想知道，到底有没有证据证明长孙无忌造反？

李　治：这个嘛……就算没有证据又怎样，长孙无忌已经死了。

越　越：好吧，陛下我服了您了。其实除掉长孙无忌，对您来说未必不是一件好事，对吧？

李　治：你这话是什么意思？

越　越：俗话说，一朝天子一朝臣，长孙无忌是先帝留下来的顾命大臣，在陛下刚刚登基那会儿，对您还有些用处，可如今陛下羽翼已丰，再把那些顾命大臣留在朝中，未免就有些碍手碍脚了，对吧？

李　治：……

越　越：听说这次被牵扯进来的大臣除了长孙无忌，还有于志宁、韩瑗、来济等人，他们有些是前朝重臣，有些是陛下提拔起来的，但都不大听陛下的话，在陛下废后的过程中，

没少给陛下您添乱。陛下其实早就想收拾他们几个了，是吧？

李　治：……

越　越：于是趁这个机会，陛下正好来一次政治大洗牌，把那些先帝留下来的元老重臣，以及不听话的大臣统统除掉，再把您的心腹统统提拔上去，这样一来，皇权就稳稳地掌控在陛下手中了，是吧？

李　治：……

越　越：所以说，长孙无忌有没有造反，这个并不重要，重要的是，陛下通过这次谋反案，达到了提高皇权的目的，而武皇后也通过这个事件除掉了政敌，所以在这件事情上，你们的利益是一致的。

李　治：（终于爆发了）来人，把这个多嘴多舌的记者给我拖出去！

越　越：哇，救命，穿穿快来救我！

广告铺

高宗的诏书

前太子李忠与国舅长孙无忌勾结谋反，本应判处死刑，但念在皇后为他苦苦求情的份上，朕决定网开一面，免其一死，将李忠贬为庶人。希望李忠能记住皇后的恩德，也希望天下百姓都能尊敬皇后，爱戴皇后。

李治

明日举行亲蚕之礼

明天中午，我将亲自到先蚕坛主持亲蚕之礼，届时请各位妃嫔、公主、王妃、诰命夫人按时参加。

武皇后

（编者注：亲蚕之礼，即皇后亲自养蚕，做天下妇女的表率，是一种非常隆重的国家典礼。）

帝后同游并州

并州是太祖皇帝起兵之地，也是皇后的祖籍，对朕和皇后的意义都非常重大。因此，朕决定携皇后重游并州，大宴并州乡亲，与民同乐。且凡并州八十岁以上的妇女，一律授五品郡君，特此昭告天下！

李治

穿越报
CHUANYUE BAO

第 5 期
公元660年—公元664年

代夫治国

走肾不肾

【烽火快报】
· 皇帝病重，皇后代夫治理天下

【叱咤风云】
· 副宰相李义府被流放
· 皇帝又要废后
· 韩国夫人是皇后逼死的吗

【名人有约】
· 特约嘉宾：武媚娘

【广告铺】
· 重修大明宫
· 薛仁贵三箭定天山
· 低价销售《度心术》

 穿越必读 CHUANYUE BIDU

公元660年，唐高宗因为风疾无法处理朝政，只好暂时将国家交给武则天打理。就这样，武则天第一次走到了政治前台，从此一步一步迈向她那辉煌而传奇的人生。

皇帝病重，皇后代夫治理天下

——来自长安的加密快报

长安八百里加密快报！

公元660年，李治生了一场重病，整天头疼欲裂，目不能视，经过御医的诊断，皇上这是得了风疾。

消息一传出，天下百姓议论纷纷，要知道当年长孙皇后就是得了风疾死的，后来太宗皇帝也死于风疾，没想到这么快就轮到当今圣上了，难道说陛下离驾崩也不远了吗？

对于百姓私底下的猜测，官方提出严词禁令：皇帝年轻力壮，不过是生了场小病，很快就好了，谁再敢胡说八道，砍了他的脑袋！

不过还有一个问题，皇帝生了病，那朝政由谁来主持呢？

李治选中的人在所有人的意料之中，那就是武皇后。在清除先帝留下来的守旧势力时，武皇后一直在皇帝身边出谋划策，充分展现了其政治手腕，再加上她又是皇帝的大老婆，与皇帝有着共同的利益，因此把权力交给她，李治很放心。

可是，老百姓就不放心了，自古以来都是男人治国，这女人治国，能治得好吗？

劣迹斑斑的李义府

穿穿老师：

　　您好。我是一名普通的大唐百姓，这次给您写信，主要是想投诉副宰相李义府。说起这个人，还真是劣迹斑斑啊！

　　前些年，李义府听说一个姓淳于的美人儿犯了罪，正在大理寺受审，就叫大理寺丞把她放出来，收到家里做了小妾。后来朝廷发现了这件事，李义府怕事情败露，竟然把大理寺丞给逼死了。

　　还有一次，李义府公报私仇，逼死了一个跟他有过节的五品官。

　　前不久，李义府为了迁祖坟，又强迫七个县的农民给他拉土，其中有个县令竟然被活活累死了。

　　除了这些，李义府还卖官鬻（yù）爵，公开收受贿赂……总之，他犯下的罪行简直是罄（qìng）竹难书。可让人想不通的是，陛下明明知道李义府犯的这些事，可却一再纵容他。陛下这是怎么了？难道我们的陛下是个昏君吗？

无名氏

无名氏：

　　你好。陛下不是昏君，李义府犯下的各种罪行，陛下都看在眼里。陛下之所以还没拿他开刀，是因为李义府是皇后的亲信，碍于皇后的面子，陛下只好暂且忍了。不过我们相信，天网恢恢，疏而不漏。所以，请再耐心等待一段时间，相信李义府很快就会受到法律制裁的。

《穿越报》编辑　穿穿

副宰相李义府被流放

公元663年，长安又发生了一件轰动全城的事：宰相李义府犯了事，被流放到隽（jùn）州了！

大家都知道，李义府和许敬宗都是武皇后的心腹，当初废王立武的时候，他们俩由于站对了队伍，力挺武媚娘做皇后，因此一路被提拔，最后都做了宰相。既然李义府是武皇后的心腹，又怎么会落得这么个凄惨的下场呢？要怪，就只怪他不知天高地厚，连皇帝都敢得罪，最后皇后也保不住他了。

原来，自从有皇后撑腰后，李义府整天在外面欺男霸女，卖官鬻爵，气焰嚣张得不得了。

李治见他闹得实在太不像话了，就把他叫来，委婉地说："听说你儿子、女婿的行为很不检点，在外面犯了不少事，看在你的面子上，朕就不跟他们计较了，只希望你能叫他们收敛一点，别闹得太过分了。"

按理说，李义府听了这话，应该诚惶诚恐才对，可他平时飞扬跋扈惯了，一时竟忘了眼前的人是皇帝，于是恶狠狠地问："是谁向陛下告的状？"

李治的脸色立马就沉了下来，"这是你该问的吗？总之我没冤枉你就是了。"

李义府还没有意识到事情的严重性，袖子一甩，怒气冲冲地走了。

李治都快气疯了：好你个李义府，仗着背后有皇后撑腰，连我都不放在眼里了！看我怎么收拾你。

很快，李义府就被李治抓住了把柄。事情是这样的：

有个术士给李义府家看风水，说他们家有不祥之气，要用二十万缗（mín，一千文钱等于一缗）才压得下去。去哪弄这么大一笔钱呢？李义府眼珠一转，把主意打到了长孙家的头上。虽说长孙无忌死了，可他的后人还活着。长孙家原来那么有钱，应该可以敲上一笔。

于是李义府找来长孙无忌的孙子长孙延，暗示他只要交七百缗，就帮他谋一个六品官做。

谁知这事很快就被人告发了。李治心中大喜，立刻派人去查，接着就顺理成章地把李义府流放到巂州去了。

有人说，这次李义府事件，其实是皇帝和皇后的一次争锋。武皇后自从掌权以来，野心一天比一天大，在朝廷中的势力也一天天增强，渐渐地，李治感到了危机，于是不顾皇后的情面严惩了李义府，借此给她一个下马威。

皇帝又要废后

公元664年，宫中传来一个秘闻：皇帝又要废后了！

这可真稀奇，当初为了立武媚娘为皇后，李治大动干戈，和一帮老臣死磕到底，如今好不容易得偿所愿了，怎么又要废掉武皇后呢？

原来，自从武皇后掌权以来，李治的危机感越来越重，刚好这时，有个宦官告了皇后一状，说她在宫里行厌胜之术。李治就想抓住这个机会，打击一下皇后的嚣张气焰，于是找来宰相上官仪，商量怎么处置这件事。

上官仪这个人有点儿迂腐，最看不惯女人把持朝政，张口就说："皇后专政，天下不容，我恳求陛下废掉她。"

李治吓了一跳，可仔细一想，这未必不是一个好办法，就说："好，你马上替我起草废后诏书。"

可李治没想到的是，诏书上的墨迹还没干呢，这事就被武皇后知道了。武皇后气势汹汹地来找李治。

李治本来就心虚，一见到武皇后，立刻方寸大乱，结结巴巴地说："不是我想废你，是上官仪教我这么做的。"一句话，把责任全都推给了上官仪。

这下上官仪可惨了，没过多久，就被武皇后找了个借口杀掉了。

百姓茶馆 BAIXING CHAGUAN

为上官仪感到可惜

这个上官仪真是太可惜了，他不但是当朝宰相，还是一代才子呢。他创造的上官体辞藻华丽，飘洒俊逸，非常值得我们学习，而且，这还是我们大唐第一个以个人命名的诗歌风格呢。

诗人小柳

赵公子

是啊，武皇后这一招还真够狠的。她诬陷上官仪与废太子李忠谋反，不但除掉了上官仪，还消除了废太子对她的威胁，真是一箭双雕啊！

如今上官仪和儿子上官庭芝都被杀了，家里的女眷也被送到宫里当了婢女。听说上官仪有个刚刚出生的孙女（即后来鼎鼎有名的上官婉儿）也被送进宫了，小姑娘真是可怜啊！

某私塾先生

盐商陈先生

到目前为止，死在武皇后手里的宰相已经有好几个了，等着瞧吧，上官仪不是第一个，也绝不会是最后一个。

韩国夫人是皇后逼死的吗

大家还记得吧，当年让袁天罡相过面的，除了武皇后，还有她的亲姐姐——武顺，说她将来必定是个贵妇人。

武顺的丈夫贺兰越石早早就死了，留下一个儿子贺兰敏之，一个女儿贺兰氏。

武皇后见姐姐可怜，就将她和外甥女一同接到宫里生活。谁知母女俩进宫后一点也不老实，没过多久就和李治好上了，一个被封为韩国夫人，一个被封为魏国夫人。

武皇后看在眼里，气在心头，可又不能将她们怎么样，毕竟一个是她的亲姐姐，另一个是她的亲外甥女。据说一天晚上，武皇后来到韩国夫人房里，把她狠狠训斥了一顿，临走前说："如果不是看在亲姐妹的分儿上，王皇后跟萧淑妃就是你的榜样！"

想起王皇后和萧淑妃死前的惨状，韩国夫人吓坏了，等武皇后一走，立刻放声大哭。她想来想去，觉得妹妹还是不会放过她，于是找了根白绫，自己了断了。

韩国夫人死后，武皇后悲痛不已，哭着对母亲杨氏说："我并不是要姐姐死啊，只是希望她能自觉出宫，她为什么要想不开呢？"又说："最让我难过的除了姐姐的死，还有亲人的背叛，我真不敢相信，这世上还有谁是值得信赖的。"

当然，也有人说韩国夫人是病死的，与武皇后无关。事情究竟是怎样，恐怕只有当事人自己知道了。

越越 大嘴记者

武媚娘 特约嘉宾

嘉宾简介：她是唐高宗的第二任皇后，心思缜密，手段狠辣，有超级敏锐的政治头脑和眼光。高宗病重期间，她曾经代夫治理天下，如今她正逐步掌握国家大权，并一步步迈向权力的巅峰。

越　越：皇后殿下，您好，前段时间的废后风波真是虚惊一场啊！

武媚娘：哼，上官仪那个老东西，竟然敢挑唆陛下废掉我，真是活得不耐烦了！

越　越：是啊，他这不是已经死了吗？不过有一件事我想不明白，您为什么要在宫里行厌胜之术？您厌胜的对象又是谁？

武媚娘：（挑眉）你认为会是谁？

越　越：难道是……当今陛下？

武媚娘：（变了脸色）来人，给我拖出去打！

越　越：啊，等等，我开玩笑呢，皇后殿下您可别生气，我知道您诅咒谁都不会诅咒

陛下，毕竟你们是结发夫妻嘛。更何况，这么做对您也没好处。陛下在的时候，您还是一人之下万人之上的皇后，陛下要是不在了，以现在的情况，您也做不了皇帝，说不定连皇太后的位置都保不住。那您厌胜的对象是……魏国夫人？

武媚娘：（冷笑）对付那个不知死活的小姑娘，用得着这么大费周章吗？

越　越：那倒也是，您现在弄死魏国夫人就像捏死一只蚂蚁一样容易。那您厌胜的对象到底是谁？

武媚娘：你再猜。

越　越：呃，难道您是害怕王皇后
　　　　和萧淑妃……所以……

武媚娘：她们两个活着的时候我都
　　　　不怕，更何况死了。

越　越：那您厌胜的对象到底是
　　　　谁？我可真猜不出来了。

武媚娘：对啊，那我为什么要行厌
　　　　胜之术呢？

越　越：啊？难道您是被冤枉的。

武媚娘：当然。

越　越：原来如此。不过，我还有
　　　　一件事情想不通，为什么
　　　　陛下前脚刚起草好废后诏
　　　　书，您后脚就赶来了，您
　　　　的消息怎么会这么灵通？

武媚娘：告诉你吧，宫中任何人的
　　　　一举一动，都逃不出我的
　　　　眼睛，包括越越你。

越　越：（擦汗）我明白了，您的
　　　　意思是，皇宫之中到处都
　　　　有您的眼线，对吧？

武媚娘：（笑而不语）

越　越：还是皇后您棋高一着啊，

越越真是佩服，佩服。

武媚娘：（思索）虽然这一次侥
　　　　幸逃过了一劫，可下次
　　　　遇到同样的情况，我可
　　　　能就没那么幸运了。

越　越：那您有什么打算？

武媚娘：即便贵为皇后，身边也
　　　　是危机四伏，皇帝随随
　　　　便便的一句话，既能让
　　　　你享尽荣华富贵，也可
　　　　能让你无法翻身。我
　　　　想，只有做到万万人之
　　　　上，才有足够的能力
　　　　保护自己。

越　越：万万人之上？那只能是
　　　　皇帝了。难道……您想
　　　　自己当皇帝？

武媚娘：（笑）越越，天色不早
　　　　了，早点回家吧。

越　越：好吧，皇后再见。

广告铺

重修大明宫

当今陛下身患风疾，皆因大明宫太过阴暗潮湿所致，因此，陛下决定重修大明宫，并改名为蓬莱宫，特征名工匠士若干名，望大家踊跃报名。

大唐工程部

薛仁贵三箭定天山

龙朔二年（公元662年），我大唐与铁勒在天山交战，薛仁贵将军一马当先，连发三箭，箭箭射中铁勒猛士，重挫敌军士气，扬我大唐国威。大唐有薛仁贵这样的猛将，朕深感欣慰，并希望所有将士都能向薛将军学习。

李治

（编者注：铁勒，中国北方古代的一个民族。）

低价销售《度心术》

李义府虽然是个大奸相，可他所著的《度心术》却名扬四海。该书的字里行间处处透露着做人的智慧与行事的技巧。《度心术》不仅是一本智谋书，更是一种教你如何在世俗中生存的有力武器。现本书肆有大量《度心术》低价销售，先到先得，大家快来购买吧！

七星书肆

穿越报
CHUANYUE BAO

第 6 期

公元664年—公元674年

垂帘听政

 穿越必读 CHUANYUE BIDU

先是代夫治理天下，接着垂帘听政，继而封禅泰山，紧接着加封"天后"，并提出自己的一套政治纲领"建言十二事"……就这样，武则天在权力的山峰上越爬越高，离万众瞩目的皇位也越来越近。

皇后垂帘听政了！

——来自长安的加密快报

长安八百里加密快报！

废后事件过去没多久，又一个重磅消息在长安城的上空炸了开来——

皇后垂帘听政了！！！

垂帘听政，这个词儿听起来并不新鲜，就是皇帝在上朝的时候，皇后或太后坐在帘子后面听，并参与讨论国家大事，朝中官员不得直接观看和接触皇后或太后。

说起来，武皇后不是第一个垂帘听政的人。战国时期的赵太后，汉代的吕太后，都做过这个事。可在历史上，一般都是在皇帝年幼或病重，无法处理朝政的情况下，才暂时由皇太后垂帘听政，这是不得已而为之的事情。

可如今，皇帝年轻力壮，风疾也有所好转，却让皇后来垂帘听政，实在是闻所未闻！

据说，垂帘听政是武皇后提出来的，本来李治不愿答应，可由于上次的废后风波，李治对皇后心存愧疚，于是便答应了。

百姓们都说，从今以后，咱们大唐就有两个皇帝啦，一个在帘子前面，另一个在帘子后面，只怕帘子后面的那个还更厉害一些呢。说不定，中国真的要出一个女皇帝啦！

史上第一个封禅的皇后

公元666年正月初一，皇帝、皇后以及一大队随从人员浩浩荡荡地来到泰山封禅。

封禅是中国最隆重的祭祀大典。封，就是祭天；禅，就是祭地。一般只有在国富民强、帝王文治武功的情况下，才能举行封禅仪式，所以历史上能封禅的皇帝寥寥无几。

历史上第一个封禅的是秦始皇，可据说由于秦始皇太残暴了，所以在去泰山的路上，天突然下起了雨。

汉武帝也封禅过，那天风和日丽，万里无云，据此大家都说武帝是个好皇帝。

太宗皇帝在位的时候，也想封禅，可由于唐朝刚刚建立，国家还不是很富足，很多老百姓都吃不饱、穿不暖，魏征就劝太宗不要把钱浪费在面子工程上。

如今，大唐王

朝在李治的领导下，正一天天走向富强，老百姓也吃得饱了，穿得暖了，于是，武皇后趁机向李治提出封禅的事。李治见天下一片太平景象，也有些飘飘然，就欣然同意了。

封禅分为两个步骤，先是初献，再是亚献。初献是祭天，由先帝配享，皇帝祭献；亚献是祭地，由太后配享，大臣祭献。

本来这里面从头到尾都没皇后什么事，可武皇后却提出异议：亚献是由太后配享，太后是女人，让大臣们来祭献多不合适，所以应该由皇后来祭献。

见皇后说得头头是道，李治也找不出反驳的理由，只好让礼官修改了封禅程序。于是，武皇后成了史上第一个封禅的女人。

我们的通讯员郑重地记下了这一历史性的时刻。

"当李治完成初献后，武皇后率领六宫粉黛上场了，顿时，整个山上粉黛飘香，宫女们穿着轻纱罗裙，表演了大型歌舞……看到这场面，许多大臣都捂着嘴偷偷地笑了。但武皇后却一脸庄重，认真肃穆地完成了整个仪式。"

封禅结束后，武皇后又提出给所有三品以上的官员赐爵，四品以下的官员加阶，这下所有人都乐开了花，泰山顶上一派其乐融融、喜气洋洋的景象。大家都称赞皇后英明，对她感恩戴德。

一箭双雕的毒计

　　封禅刚刚过去没多久，宫里就传来一个噩耗，魏国夫人被人毒死了！据说凶手不是别人，正是武皇后的两个堂哥，魏国夫人的两个舅舅——武惟良和武怀运。这就奇怪了，做舅舅的和外甥女能有什么深仇大恨呢？宫中有人透露说，其实呀，这一切都是武皇后的阴谋，事情的经过是这样的：

　　李治封禅的时候，文武百官都要随行，武惟良和武怀运也去了。回到长安后，武惟良兄弟就商量着怎么巴结一下武皇后。毕竟经过这几年的折腾，他们总算明白了这个堂妹不好惹，于是献了一些土特产上去。可多年的积怨又怎会是一些土特产就能化解的？武皇后收到特产，眼珠一转，瞬间就想到了一个一箭双雕的毒计。她悄悄在特产里下了毒，然后叫来魏国夫人，说："这是咱们娘家送来的，你尝尝吧。"

　　魏国夫人年少烂漫，哪里猜得到武皇后的恶毒心思，就开开心心地吃了，很快便毒发身亡。这下武惟良兄弟可惨了，罪名不仅仅是毒死魏国夫人这么简单，因为特产是献给皇后的，所以他们两个的真正目标应该是皇后，说不定还有皇上呢，而魏国夫人只不过做了替死羊。总之，这下兄弟俩跳进黄河也洗不清了。

　　接下来的事情就顺理成章了，武惟良兄弟被当场杀掉，妻子和女儿也被送进宫里当了奴婢。武皇后一箭双雕，同时灭掉两个敌人，但这还不解气，她又故伎重施，把武惟良兄弟的姓改为"蝮"，用来比喻他们像蝮蛇一样恶毒。

皇后请求退位，我该怎么办？

穿穿老师：

你好。这段时间，国家发生了很多大事。和吐蕃（bō）打仗败得很惨，朝鲜半岛屡屡叛乱，国中不是旱灾就是洪涝。国家内忧外患，我每天忙得焦头烂额。这时外面又有人造谣，说这一切都是皇后造成的。因为皇后参政，所以导致国家遭到天谴，只有皇后退位了，天谴才会停止。估计皇后也听到了这些风言风语，前几天主动向我提交了辞呈，请求退位。

遇到这种情况，作为皇帝的我感到很为难。这些年来，我早习惯了有皇后在我身边出谋划策，更何况，自古哪有皇后主动请求退位的道理？我想拒绝皇后的退位请求，但她很坚持，你说我该怎么办？

大唐皇帝李治

陛下：

您好。我知道您最近压力很大，但皇后的压力更大。听说不久前，皇后的母亲病逝了，这对皇后来说是个不小的打击，她的情绪现在一定非常低落，再加上那些"天谴"的谣言，所以皇后才提出了退位。我认为，皇后并不是真的想退位，只要陛下多多开解她，关心她，皇后一定会收回辞呈的。

最后，祝大唐蒸蒸日上，繁荣富强！

《穿越报》编辑 穿穿

【李治最终没有答应武皇后的退位请求，还厚葬了武皇后的母亲，谥号"忠烈"。】

"天皇"和"天后"

你们听说没，最近陛下给列祖列宗们都加了封号，封高祖皇帝为"神尧皇帝"，窦皇后为"太穆神皇后"；封太宗皇帝为"文武圣皇帝"，长孙皇后为"文德圣皇后"。咱们陛下自己当了皇帝，还不忘给祖宗们加封，可真是一个孝顺的好皇帝呀！

渔夫小黄

嗨，你还不知道呀，这都是武皇后撺掇的。什么给列祖列宗加封，其实是武皇后想借机给自己加封。现在陛下已经自称"天皇"了，武皇后也自称"天后"啦！

布商老李

什么天后，我看武皇后是想当皇帝吧。到目前为止，她参政已经有十多年了，早就尝到了权力的滋味，野心也越来越大啦！

某刀客

嘘，别乱说，小心被天后的人听到，把你拉出去砍头。

杂役阿三

建言十二事，天后的政治纲领

公元674年，武皇后刚被封为"天后"不久，她又向皇帝提出了十二条改革建议，也就是武皇后自己的政治纲领（史称"建言十二事"）。

建言十二事主要分为以下四个方面。

一、劝农桑，薄徭役，减轻农民的负担。

二、拉拢文武百官，该升官的升官，该涨工资的涨工资。

三、提高妇女的地位。

四、尊崇皇室，全民学习《老子》（唐朝皇室姓李，将老子李耳尊为祖先）。

很明显，这些改革措施不仅让老百姓受益了，让文武百官受益了，让天后自己受益了，也让皇帝受益了。所以天后的这份政治纲领一经提出，立刻得到了所有人的拥护。

越越 大嘴记者

李弘 特约嘉宾

嘉宾简介：李弘，当今太子，武皇后和李治所生的第一个儿子。性格仁慈、软弱，与李治十分相像。李治对他抱有厚望，曾让他七次监国。可由于太过敏感纤细，再加上从小体弱多病，很多人认为他并不适合当皇帝。

越　越：太子殿下好。我一直想知道，对于天后参政的事，您有什么意见没？

李　弘：这个，父皇都没意见，我当然也没什么意见。

越　越：难道您不担心有一天您当上了皇帝，会处处受天后的制约吗？

李　弘：越越不要胡说，父皇万寿无疆，我当皇帝还早着呢。

越　越：不好意思，我差点忘了，殿下您可是一个仁孝至上的人。咱们还是来谈点别的吧。听说在您很小的时候，陛下就将您往帝王的方向培养了。

李　弘：是啊，我四岁就被立为太子，父皇对我期望很大，从小就让我学了很多儒家经典和治国之道。

越　越：他希望你将来能成为一代明君。

李　弘：是的。不过相对于治国而言，我对文学更感兴趣。记得十岁那年，我叫太子府的人编了一部文集叫《瑶山玉彩》，并亲手献给了父皇。父皇当时很高兴，还赏了我三万匹丝绸呢。

越　越：殿下小小年纪就有如此志气和孝心，真不容易啊！

李　弘：父皇见我能干，对我更是寄予厚望。记得我八岁那年，父皇和母后一起去洛阳巡查，把我一个人丢在长安临朝听

政，想借此来锻炼我的
治国能力。

越　越：后来怎样了？

李　弘：说起来还真不好意思，
当时我年纪太小，什么
也不懂，天天只知道在
朝堂上哭。后来，父皇
和母后也没办法了，只好
把我接到洛阳去了。

越　越：殿下跟当年的陛下果然
很像啊！

李　弘：大家都这么说。我还记
得小时候，有一次跟着
郭瑜学《春秋》，里面
有一个故事讲的是楚国
的世子芈（mǐ）商臣为
了早点当上大王，将自
己的父王杀掉了，当时
我就很受不了，把书合
上，问老师，这种故事
做臣子怎么忍心看呢？
古代圣贤应该多多记载
那些和仁德孝善有关的
故事呀。

越　越：那老师怎么说的？

李　弘：老师说，孔子写《春
秋》的时候，不管善行
还是恶举都记载了下
来，记载善行，是为了
宣扬仁德礼义，记载恶

举，是为了警戒后人。可
我还是接受不了。

越　越：后来呢？

李　弘：后来我就跟老师说，我不
要学这个，要学别的书。
于是老师就不教我《春
秋》了，改教《礼记》。

越　越：殿下果然是个慈悲的人。恕
我冒昧，您觉得像您这种性
格的人适合当皇帝吗？

李　弘：为什么不适合？

越　越：您不觉得自己……太过仁
慈了一点吗？古往今来，
凡是有大作为的君王，可
都是一些果断狠绝之辈啊！

李　弘：（皱眉，不高兴）是吗？

越　越：呃，希望殿下能成为一个
例外吧！好的，今天的采
访就到这里了，非常感谢
殿下的配合。

李　弘：不客气，反正我闲着也是
闲着。

越　越：咦？

李　弘：我身体一直不好，父皇叫
我多多休养。

越　越：原来是这样，那殿下多多
保重，再见。

李　弘：再见。

广告铺

开渠引水诏书

为了更好地解决国家水利工程问题，朕决定，将于岐州陈仓县（编者注：今陕西省宝鸡市）东南开渠，将渭水引入升源渠，通船到长安城，请当地长官认真对待此事，不得有误。

李治

剑南百姓的求助信

剑南十九州出现特大旱灾，现饿殍遍野，十室九空。这里的粮食吃光了，树皮啃光了，连观音土也吃光了，死去的人多达三十六万，剩下的也快支撑不下去了，所以我们希望朝廷能加大赈灾的力度，也希望全国的兄弟姐妹们都来帮帮我们。

剑南百姓

永嘉、安固百姓的求助信

浙江沿海出现特大暴雨，海水泛滥成灾，瞬间淹没了我们的家园，冲毁了六千八百四十三间民房，淹死了九千零七十个人，五百头牛，毁了四千多顷田地。如今我们妻离子散、流离失所，过得非常艰难，希望全国各地的百姓都来帮帮我们。

永嘉、安固百姓

第2关

智者无敌 王者为大

1. 是谁杀死了王皇后和萧淑妃？
2. 长孙无忌真的谋反了吗？
3. 人彘是谁发明的？
4. 武则天当上皇后之后，是怎么对待两个堂哥的？
5. 房遗爱造反案是谁查办的？
6. 武则天是哪一年开始参政的？
7. 武则天为什么会参政？
8. 上官仪有一个鼎鼎有名的孙女叫什么？
9. 韩国夫人和武则天是什么关系？
10. 李治曾经废过武皇后吗？
11. 武则天是哪一年垂帘听政的？
12. 中国历史上第一个封禅的皇后是谁？
13. 唐太宗曾经封禅过吗？
14. 唐朝时的"天皇"和"天后"分别指谁？
15. 建言十二事是谁提出来的？
16. 魏国夫人是怎么死的？

第 7 期

公元675年—公元684年

与儿子斗法

走肖不肴

穿越报
CHUANYUE BAO

【烽火快报】
· 太子病逝，被追认为"孝敬皇帝"

【绝密档案】
· 太子死亡之谜

【叱咤风云】
· 天后摄政风波
· 新太子李贤谋反了！
· 圣上驾崩，举国哀悼
· 新皇帝被废，轰动天下

【名人有约】
· 特约嘉宾：李旦

【广告铺】
· 出售《滕王阁序》手稿
· 改年号诏书
· 永远怀念三藏法师
· 对权善才的处罚通知

穿越必读 CHUANYUE BIDU

　　在至高无上的权力面前，即便是亲生母子也能反目成仇！为了维护自己的权力和权威，武则天的儿子们不是被流放就是被废黜，最后，只剩下一个温顺听话的小儿子李旦（即唐睿宗）做傀儡。

太子病逝，被追认为"孝敬皇帝"

——来自洛阳的加密快报

公元675年，一个不幸的消息从洛阳传来，太子李弘和父母一起去洛阳巡查时，死在了洛阳行宫。

太子自幼孝顺仁德，体恤民情，大有高宗之风，所以深得高宗宠爱。如今白发人送黑发人，李治悲痛欲绝，于是赐了太子一个谥号"孝敬皇帝"。李弘也就成了唐朝第一个被追认为皇帝的太子。

只是，令人奇怪的是，太子今年才二十四岁，年纪轻轻的怎么突然就死掉了呢？

据太子身边的人透露，太子从小就有肺结核，身子虚弱，常常因为身体原因不能接见大臣，也没法儿帮皇帝处理朝政。李治非常担心太子的病情，经常叫他好好调养。就在前不久，李治还许诺说，只要太子的病好一点，就把皇位让给他。当时太子还挺高兴，谁知没过几天就病死了，这只能说他没有当皇帝的福气。

没过多久，天后的第二个儿子李贤被立为太子。不知道，这是不是他的福气呢？

洛阳八百里加密快报！

95

太子死亡之谜

对于太子李弘的死，官方的说法是病死的，可民间却有不同的说法。

第一种说法，太子是激动死的。太子本来就得了重病，这时李治说要让位给他，太子激动之下，病情加重，于是就死了。

第二种说法，太子是被人毒死的。而下毒的不是别人，正是天后。如果说二十多年前，天后闷死小公主是为了嫁祸给王皇后，那么这一次，她毒死太子李弘又是为什么呢?

其实，李弘和天后之间的关系并不好。

李弘的性格和父亲相似，他敏感、软弱、仁慈，这与母亲刚毅、果断和残酷的性格形成鲜明对比。本来，这也不足以让母子之间产生矛盾，相处得好的话，这两种性格还可以互补，就像天后和高宗一样。可这时，却发生了一场意外。

一次，李治和天后一起去洛阳巡游了，留下太子监国。太子一个人待在宫里很无聊，就到处瞎逛，逛着逛着，他来到一座偏僻的宫殿，发现了长期被幽禁的义阳公主和宣城公主。这两位公主是萧淑妃的女儿，自从萧淑妃获罪后，她们俩就一直被关在这儿，关了十几年，连话都说不清了，看到李弘，吓得缩在墙角，瑟瑟发抖。

　　看到这场景，李弘鼻子一酸，眼泪都掉出来了，等父亲一回来，立刻上奏让两个姐姐出嫁。李治听了，心里也很不是滋味儿，于是恩准了。天后却很不高兴，当年她好不容易才把王皇后和萧淑妃整垮了，如今儿子却帮萧淑妃的女儿求情，这不是在跟她作对吗？

　　从这以后，母子两个人就产生了嫌隙。

　　如果李弘只是一个普通的皇子就算了，可李弘是太子，将来是要做皇帝的。如果他当上皇帝后，与自己对着干怎么办？天后越想越害怕，于是一不做，二不休，趁太子病重的时候，将他毒死了。

　　对于这种说法，也有人表示怀疑。因为就算李弘跟天后之间有矛盾，但以天后如此强势的性格，驾驭这个柔弱多病的儿子还是绰绰有余的，又何必杀掉他？

　　总之，对太子李弘的死，民间是众说纷纭。李弘到底是病死的、激动死的，还是被自己的母亲毒死的，只能是仁者见仁，智者见智啦。

天后摄政风波

公元675年九月，就在李贤刚刚被立为太子后不久，李治做出了一个出人意料的决定——让天后摄政！也就是说，从今以后，皇帝将一切国家大事全都交给天后全权处理。天后除了称号还是天后外，已经和皇帝没什么两样了。

奇怪，李治怎么会做出这种决定呢？

原来，太子李弘的死让李治深受打击，风疾也越来越严重，整天头晕目眩，根本就没法处理朝政，于是想到了让天后摄政。

李治找来宰相商量，宰相们一听，可急坏了，一个叫郝处俊的说："自古以来都是皇帝管理国家大事，皇后负责内政，这是天下之道，谁也不能违背。如今陛下怎么能将高祖、太宗辛辛苦苦创建起来的天下交给天后，而不交给自己的子孙呢？"

最后，在宰相们的强烈反对下，李治只好收回成命。

新太子李贤谋反了！

公元680年，长安又爆出一个惊天消息——新太子李贤谋反了！证据是从太子府里搜出了几百副盔甲。

消息一出，立刻有人义愤填膺地说："陷害！这完全是天后陷害的！"

原来，比起先太子李弘，李贤与天后之间的关系似乎更糟糕。李贤不仅文武双全，而且很有帝王的气魄，与天后正好是棋逢对手。而且太子府中人才济济，对天后的权力产生了很大的威胁。

天后怕太子与她作对，就叫人送了两本书给他。一本叫《少阳正范》，是教人怎么做一个好太子的；另一本叫《孝子传》，是教人怎么做一个好儿子的。可太子收到这两本书后，看也不看，随手就丢到一边了。

于是天后明白了，这个儿子自己很难掌控，必须废掉！

这时，一个叫明崇俨的术士出现了。据说这个人不仅精通医术，还能驱使鬼神。李治听说后，就把他召进宫里给自己治病。

天后趁机买通明崇俨，让他整天在李治耳边说太子的坏话：

"陛下啊，我昨天和神仙们聊天，大家都说太子无能，英王李显才是太子的最佳人选啊！"

"从面相上来看，还是英王李显最有帝王之相。"

这坏话说多了，明崇俨的结局也好不到哪里去。公元679

年，明崇俨在洛阳被人杀害！有人说他将鬼神奴役得太厉害，被鬼神杀掉了，也有人说他被强盗杀害了，只有天后心里明白，这多半是太子下的毒手！

于是，天后将太子身边一个叫赵道生的人抓来拷问，一番严刑拷打之下，赵道生终于承认，自己就是刺杀明崇俨的凶手。

天后立刻派人去太子府搜查凶器，谁知这一搜不得了，竟然搜出几百副盔甲！天后喜出望外，正好借此大做文章。于是，一顶谋反的帽子严严实实地罩在了太子头上：太子私藏兵器，图谋造反！

李治听了痛心疾首，可还是不忍心严惩太子，问天后是否可以网开一面。

天后却说："为人子女者，对父母心怀不轨，这是天地不容的事情。陛下一定要大义灭亲，不能姑息太子的行为！"

就这样，太子李贤被贬为庶人，流放到了巴州。不久，天后的第三个儿子李显被立为太子。

丧心病狂的一家人

穿穿老师：

　　您好，我姓赵，是一名普通的大唐百姓。最近太子谋反的事情，你们应该听说了吧。先不管太子是真反还是假反，我只想说说身边发生的一件惨绝人寰（huán）的事。

　　我有个邻居叫高真行，是当朝的一个大官。他有个儿子叫高政，在太子手下办事。因为太子谋反的事，高政受到了牵连，可陛下没有直接办他，而是把他交给他父亲高真行来办。按理说，做父亲的再怎么恨铁不成钢，也不至于对亲生儿子下毒手吧，可我们都猜错了。

　　高政刚进家门，父亲高真行就抽出佩刀，一刀刺向他的喉咙。高政还没倒下，他的伯父又捅了他一刀。接着，他的堂兄一刀砍掉了他的脑袋，然后将他的尸体丢到大街上。

　　穿穿老师，你来说说，这一家人怎么这么丧心病狂呢？

赵氏

赵先生：

　　你好。关于高政的事，我们也听说了。高家人之所以如此残酷绝情，不过是为了向陛下献忠心，表示自己与叛乱分子彻底划清了界限。放心吧，当今陛下心地仁慈，根本就不吃他们这一套，相信用不了多久，陛下就会查办他们。

《穿越报》编辑

【果然，李治听说这件事后，不但没有褒奖高真行兄弟，还把他们贬到地方上去了。】

圣上驾崩，举国哀悼

公元683年十二月四日，一个噩耗从洛阳传来，当今圣上李治驾崩了，享年五十六岁！

人们在悲痛的同时，产生了一个疑问：为什么陛下没有死在长安的皇宫里，而是死在了洛阳？

有人说，这一切都是天后的阴谋。

原来，天后曾经多次陪李治巡视洛阳，早在那里建立起了牢固的势力。为在皇帝驾崩后，能把国家大权牢牢地掌控在自己手里，在李治最后的岁月里，天后想尽一切办法把他弄到了洛阳来。

天后先是劝李治，说关中大旱，粮食贵得离谱，不如暂时去洛阳办公。

接着天后又说，我们上次去泰山封禅过了，可还没去过嵩山，要不也去嵩山封一封。正好洛阳离嵩山近，不如我们搬到洛阳去吧。

李治被天后的花言巧语哄得团团转，于是答应了。谁知这一去，就没能再回来。

在去世前，李治曾经大赦天下，听到百姓们的欢呼声，他却悲伤地说："大家都在欢庆，而我却快要死了。假如上天能再多给我一两天的时间，让我回到长安，我就死而无憾了。"

可惜的是，当天晚上李治就病死在洛阳的贞观殿了。

天后是否修改了遗诏

听说先帝留下一封遗诏，里面说，假如太子遇到不能决断的军国大事，就去问问天后的意见。这在我们大唐的历史上可是头一遭。以前不论是高祖皇帝，还是太宗皇帝，遗诏上都清清楚楚地写着，军国大事必须由皇帝亲自处理。可高宗却说，军国大事应该听听天后的意见，这是不是说明天后要与皇帝并驾齐驱了？

刘公子

包公子

依我看，这封遗诏多半是天后伪造的，要不就是她趁先帝病得稀里糊涂的，骗他写的。天后可真是越来越明目张胆了，难道她真的想当皇帝不成？

包公子说的我看未必对。遗诏应该是先帝自己的意思。因为先帝一直对太子很不放心。你想想，这个太子比起前两个来可差远了，整天只知道骑马、打猎和斗鸡，先帝怕他掌控不了国家大局，所以才让天后提点他。

郭公子

新皇帝被废，轰动天下

公元684年二月六日，皇太后武媚娘又做了一件轰动天下的事——废除新皇帝李显（史称唐中宗），立小儿子李旦为帝（史称唐睿宗）。

可怜的李显，登基不到两个月，连龙椅都还没坐热，就被赶下台了。

可这到底是怎么一回事呢？

原来，按照规矩，先帝驾崩后，新帝必须守孝二十七天。谁知就在这短短的二十七天里，政局发生了重大变化。武太后和顾命大臣裴炎合起伙来，把新帝的权力给架空了。等李显登基后一看，傻眼了，朝中全是武太后的人，没一个人理会他这个新皇帝。

李显只好自己想办法找存在感，第一步是把自己人安排到重要的岗位上去。可他看看四周，似乎也没什么自己人，只好从皇后韦氏的娘家着手，于是把岳父大人韦玄贞提拔上去，做了豫州刺史。

过了一阵，李显觉得豫州刺史这个官还是小了，准备让韦玄贞做侍中。

裴炎立刻出来反对，说这个韦玄贞何德何能，居然在不到一个月的时间里，从一个芝麻绿豆大的小官一路升到侍中。皇帝这样任人唯亲，不是太荒谬了吗？

跟裴炎较了一阵劲后，李显火了，脱口而出："就算我把天下都给韦玄贞又怎样？"

李显本来说的是气话，谁知却被武太后抓住了把柄。

武太后和裴炎商量了一阵，认为这个皇帝太昏庸，不如废掉算了。于是接下来出现一个问题：立谁为新皇帝好呢？

当时有两个人选，一个是李显的儿子，高宗皇帝亲自立的皇太孙李重照；另一个是武太后的小儿子李旦。如果让李旦做皇帝，武太后依然是太后；如果让李重照做皇帝，武太后就成了太皇太后。武太后想来想去，还是觉得太后的身份更利于掌权，于是就选了李旦做新皇帝。

公元684年二月六日，在一个本来不用上朝的日子，武太后却突然召集文武百官上朝。文武百官刚刚站好，这时，裴炎、刘炜和两位羽林将军带着羽林军从外面闯进来。

"皇帝无道，奉太后令，废皇帝为庐陵王！"裴炎大声宣布。

李显还没回过神来，两位羽林将军已经扑上去，把他从龙椅上架了下来。

"我有什么罪！"李显急忙大喊。

这时，帘子后面传来武太后威严的声音："你连天下都想给韦玄贞，还说自己没罪！"

这下大臣们也无法反驳了。天下原本是李家的天下，皇帝现在却想把它送给一个外人，按理说，这种昏君的确该废！更何况朝中本来就没几个人支持李显，因此李显被废的过程非常顺利。

第二天，豫王李旦登上了皇位。

越越 大嘴记者

李旦 特约嘉宾

嘉宾简介：当今皇帝，武太后最小的儿子，性格安静温顺易操控，是个名副其实的傀儡皇帝。此人与世无争，随遇而安，对于做"傀儡皇帝"这一点并没有太大的异议。

越　越：陛下，要找到您还真不容易啊，您不去大殿上朝，怎么跑到偏殿来了？

李　旦：是母后把我送进来的。

越　越：为什么？

李　旦：母后说，父皇驾崩对我的打击太大了，导致我悲痛欲绝，没办法主持朝政，所以暂时由她代劳。

越　越：陛下，其实您是被太后软禁起来了吧。

李　旦：快别这么说，（左右张望一阵，小声地）被母后的人听到了就糟了。

越　越：（小声地）陛下您很怕太后啊！

李　旦：是啊，宫里谁不怕她？我二哥李贤被她流放了，

三哥李显被她废掉了，我就怕下一个轮到我。

越　越：那陛下有什么打算呢？

李　旦：我打算好好听话，绝不惹母后生气。

越　越：……

李　旦：告诉你一个秘密，我二哥李贤在巴州写了一首诗叫《黄台瓜辞》，我念给你听听："种瓜黄台下，瓜熟子离离。一摘使瓜好，再摘令瓜稀。三摘尚自可，摘绝抱蔓归。"

越　越：是什么意思？

李　旦：（左看看，右看看，确定没人）意思是，我们兄弟几个就像藤蔓上的

瓜，母后一个一个把我们摘掉，等到摘完了，天下大权也就落入她囊中了。

越　越：那您觉得是这样吗？

李　旦：我不能说。

越　越：陛下不用这么害怕啦，虎毒尚且不食子，更何况您是太后的小儿子，她最疼的就是您了，不会对您怎么样的。

李　旦：希望如此吧。只要母后不对我下手，江山我不要也罢，随她怎么去整，我就安安心心地做我的傀儡皇帝好了。

越　越：陛下真想得开，您就没有一点怨言吗？

李　旦：还好吧，其实母后也没怎么亏待我。我本来只是一个小小的豫王，上头有三个哥哥，怎么轮都轮不到我做皇帝。后来是母后废掉了三哥，将我扶上了皇位，要知道，我连一天的皇太子都没有当过呢！

越　越：说的好像有道理。

李　旦：虽然国家大事我不能插手，但母后好歹将我的王妃立为皇后，儿子立为皇太子，又替我改了年号，从表面上看，我也算像个皇帝了。

越　越：唉，陛下可真是一个知足的人。

李　旦：不然还能怎样？跟母后对抗？那是找死！二哥和三哥就是我的榜样！

越　越：那您觉得现在的日子过得还不错？

李　旦：还行吧，如果不像囚犯一样被人时时刻刻监视着就更好了。

越　越：唉，这也是没办法的事情，做傀儡皇帝就是这样的。我最后还想问一句，陛下您真的没有想过夺回大权吗？

李　旦：没有。

越　越：好吧，陛下您多多保重，再见。

李　旦：再见。

广 告 铺

出售《滕王阁序》手稿

众所周知，《滕王阁序》是当今大才子王勃的旷世名作。本书肆历经千辛万苦，访遍五湖四海，终于找到了王勃亲笔书写的《滕王阁序》手稿。该手稿现于本书肆出售，售价一千两白银。全天下仅此一份，先到先得，各路书生才子千万不要错过哦！

万宝书肆

改年号诏书

朕决定，从明年（公元679年）起，废掉原年号"通乾"，改为"调露"，特此昭告天下。

李治

永远怀念三藏法师

麟德元年（公元664年），一代佛学大师三藏法师圆寂了。三藏法师生前曾不远万里去天竺取经，历经整整十八年，从佛学发源地带回了六百五十七部真经。他为佛学做出的贡献是不可估量的，我们将永远怀念他。

长安弘福寺

对权善才的处罚通知

大将军权善才胆大妄为，竟然将昭陵前的柏树砍掉，用来烧柴做饭，如此大不敬行为，本该判处死刑，但念在大理寺卿狄仁杰为他求情的份上，朕决定饶他一死，将权善才革职流放岭南，希望大家引以为戒。

李治

第 8 期

公元684年—公元690年

登位前的风雨

穿越报

CHUANYUE BAO

【烽火快报】
· 废太子李贤自杀了

【叱咤风云】
· 李敬业造反了
· 裴炎逼宫，被判谋反罪
· 李家人也造反了
· 用科举收买人心

【名人有约】
· 特约嘉宾：武媚娘

【广告铺】
· 出售骆宾王诗集
· 奖励农桑政策
· 关于改革的通知

 穿越必读 CHUANYUE BIDU

经过多年的苦心经营，武则天终于将国家大权牢牢地掌控在自己手中。她在朝中翻手为云，覆手为雨，大有改朝换代的势头，这时，各路反对派也纷纷登场了……

废太子李贤自杀了
——来自巴州的加密快报

公元684年三月，从巴州传来一个令人心痛的消息：废太子李贤自杀了，终年二十九岁。

百姓们一边叹息，一边猜测，李贤为什么要自杀？是因为巴州的环境太苦了，还是因为被废了心情郁闷？

有知情人士爆料说，其实李贤根本不是自杀，而是被武太后逼死的。

原来，李贤虽然被废了，可武太后一直对他不放心。因为在这几个儿子中，李贤能力最强，受到很多人的拥护。而且最近传来谣言，说有人正准备打着李贤的旗号谋反呢！武太后非常担忧，就派丘神勋以检查李贤宅第的名义去了巴州。丘神勋来到巴州后，先是把李贤囚禁在一个小房间里，接着就逼他自杀了。

巴州八百里加密快报！

李敬业造反了

公元684年九月，英国公李敬业在扬州造反了！

李敬业是英国公李勣的孙子，因为爸爸死得早，所以直接继承了爷爷的爵位，后来被贬了官，一肚子牢骚，就来扬州散心。

刚好这时，扬州聚集了一堆官场失意的人。大家一边喝酒，一边抒发对现实的不满，说着说着，就决定造反了。

领袖是李敬业，因为他的名声最大，爵位最高，而且爷爷李勣很有威望。

军师叫魏思温，原本是监察御史，后来被贬为一个小小的县尉。

大才子骆宾王也加入了起义的队伍，还写了一篇讨伐武太后的檄文，据说武太后看了这篇文章后，拍手叫好，说：

"这人没有得到重用，是宰相的过失啊！"

李敬业本来打的是前太子李贤的旗号，可惜李贤已经死了，只好拉来一个长得像李贤的人顶上。

百姓们一听李勣的孙子起义了，口号又是匡扶大唐，纷纷加入起义军队伍。起义军迅速发展到十多万人，并顺利打下了扬州。接着，李敬业挥军南下，准备占领江南的土地。

武太后赶紧派出三十万大军镇压起义军。朝廷军的统帅叫李孝逸，他不大会打仗，一出兵就被打得落花流水，看到黑压压的起义军，吓得一动都不敢动。

监军魏元忠劝他说："天下太平了这么久，忽然冒出一伙反贼，百姓们一定都盼着您剿贼立功呢。如果您让百姓失望了，朝廷必定会生气，到时候撤了您的职不说，说不定还会将您依法查办！"李孝逸一听，只好硬着头皮上了。可是李敬业兵分几路，先打哪一路好呢？

　　魏元忠又建议说："据我所知，李敬业的弟弟李敬猷（yóu）是个赌鬼，没什么本事，如果我们先打他，必定能轻松取胜。等我们攻下李敬猷，再乘胜追击，一定能将叛军剿灭。"

　　李孝逸就按魏元忠说的办，果然将起义军打得鬼哭狼嚎，四处溃散。李敬业在逃跑的过程中被部下杀掉了，大才子骆宾王也在战乱中不知所终。

　　扬州起义只持续了短短一个多月的时间，就以失败告终了。

裴炎逼宫，被判谋反罪

扬州起义刚刚开始的时候，朝中也发生了一件大事：宰相裴炎因为谋反罪被杀了！

这是怎么回事呢？

原来，裴炎作为当朝宰相、先帝唯一留下来的顾命大臣，在扬州发生叛乱时，本应该积极商讨平叛的策略，可他却在朝堂上一言不发，好像事情与他无关一样。

武太后就问："裴爱卿，你说怎样才能平息叛乱呀？"

裴炎清了清嗓子，说出一番让武太后花容失色的话："我认为，叛军之所以有起兵的理由，是因为皇帝长大了，而太后却迟迟不让他亲政。只要太后把大权归还给皇帝，叛军自然就平息了。"

这话就像一枚重磅炸弹，将整个朝堂炸得嗡嗡作响。

武太后目瞪口呆，无论如何也没想到，一直和她统一战线的裴炎，竟然在关键时刻背叛她，甚至威胁她！

幸好这时，监察御史崔察上奏说："裴炎受先帝所托，手中握有大权，如果没有谋反的意图，又怎么会让太后归政？"

武太后心领神会，立刻叫人把裴炎抓起来审问。

裴炎在大牢里受尽酷刑，被折磨得不成人样，有人劝他："您去给太后服个软，说不定她就放您出来了。"

可裴炎却说："宰相下狱，哪有保全的道理？"

唉，服不服软都是个死！

　　很多大臣也替裴炎求情，一个叫刘景先的宰相说："众所周知，裴炎对朝廷一片忠心，我敢拿自己的性命保证，他一定不会谋反！"

　　武太后淡淡一笑，说："我已经找到裴炎谋反的证据了，只是爱卿还不知道而已。"

　　刘景先急了，说："如果裴炎谋反的话，那臣等也都参与谋反了！"

　　武太后依旧淡淡一笑，说："我知道裴炎谋反了，而你们没有。"

　　这下刘景先也哑口无言了。太后一口咬定裴炎谋反，大臣们又能有什么办法呢？很快，裴炎被砍了头，亲人被流放到岭外。

太后为什么冤枉我造反

穿穿老师：

　　您好，我叫程务挺，是一名武将。本来我正在前线与突厥打仗，太后突然发来一道圣旨，说我暗中勾结裴炎谋反，要将我就地处决。我一下就蒙了，说我程务挺造反，这真是天大的笑话！我整天在外面打仗，哪有时间造反？更何况我对大唐一片赤胆忠心，就算天下的人都反了，我也不会反！

程务挺

程将军：

　　您好。我们非常同情您的不幸遭遇，也相信您绝对没有谋反之心。太后说您谋反，只是想找个借口除掉您罢了。

　　您和裴宰相是好朋友，在裴宰相入狱的那段时间，您是不是给太后写信替他求过情？当时太后就想除掉您了。前不久，太后已经把为裴炎求过情的文官都贬走了，接下来就轮到武将了。再加上您手握军事大权，太后对您很不放心，于是就第一个拿您开刀了。

　　如今太后杀意已决，我们也无能为力，将军您多多保重吧。

《穿越报》编辑

【不久后传来消息，程务挺在军营中被斩了。】

太后真的是圣母下凡吗？

铁匠小庐

> 听说有个人从洛水里捞出一块石头，上面有八个红字："圣母临人，永昌帝业"。这可是天降祥瑞啊，难道咱们的皇太后真的是圣母下凡不成？

> 我还听说，这个发现石头的人叫唐同泰，雍州永安县人。唐是大唐的唐，他的家乡永安就是"永昌帝业"的意思。看来这真的是上天的旨意，我们的皇太后一定能带领大唐走向繁荣昌盛。

渔夫阿罗

盐商王先生

> 你们两个真笨，这件事情根本就是皇太后的侄儿武承嗣弄出来的！他找来一块石头，随随便便写了几个字丢到洛水里，再让人捞起来献给皇太后。这根本就是一场骗局，就连唐同泰这个名字都有可能是武承嗣给起的呢。

> 是啊，听说皇太后给自己加了一个尊号，叫什么"圣母神皇"。等到十二月份的时候，她还要去洛水举行大典，祭祀上天。我看这一次，皇太后是真的要当皇帝啦！

鲁屠夫

李家人也造反了

公元688年，唐朝宗室终于受不了武太后越来越露骨的野心，也准备造反了。

首先站出来的是韩王李元嘉，他是高祖皇帝的儿子，也是李唐宗室中最德高望重的人。第二个人是越王李贞，他是太宗皇帝的儿子。

李元嘉先让儿子给李贞写了一封信，说："我老婆的病越来越重了，再拖下去，等过了今年冬天，恐怕就治不好了，所以咱们必须要行动啦，你收到信后，早点给我答复。"

接着，李元嘉又对宗室其他成员说："这次去洛水祭天，神皇一定会找借口把我们李家的人除掉。"

宗室成员一听事关自己的性命安危，都积极响应起来。

李元嘉还伪造了一道圣旨，让人送给李贞的儿子李冲："朕被皇太后幽禁了，你们快点来救我！"

李冲也伪造了一道

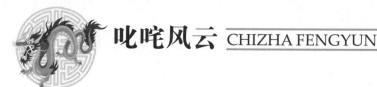

圣旨："神皇要颠覆李家的江山，让武家取而代之。"

李冲把这道圣旨拿给所有宗室成员看，大家看了都很气愤，纷纷捏紧拳头表示，一定要将这个姓武的女人赶下台，重振我李家雄威！

韩王和越王见时机成熟了，正准备起兵，谁知就在这时，发生了意外——

韩王李元嘉的侄儿李蔼向武太后告密了！

刚开始，李蔼和大家一样义愤填膺，举起拳头说一定要把武太后赶下台，可真到了紧要关头，李蔼却做起了缩头乌龟。武太后的手段他不是没有见识过，这次起兵成功倒还好，万一失败，后果简直不敢想象……

想到这里，李蔼立刻跑到武太后跟前，把宗室的计划一股脑儿地说了出来。

眼看事情败露了，宗室只好提前行动。八月十七日，李冲带领五千人马在博州起兵了，可惜刚打到武水县，部下就叛变了。五千人马一哄而散，剩下李冲一个光杆司令，他垂头丧气地回到博州，刚一进城门就被守门人一刀砍下脑袋，拿去领赏了。

八月二十五日，李贞也带着七千兵马在豫州起兵了，武太后派来十万大军镇压。七千对十万，李贞输得十分惨烈。

眼看无力回天，李贞长叹了一口气，和妻儿们一同自杀了。

宗室其他成员看了，一个个吓得连声都不敢吭。一场轰轰烈烈的宗室起义就这样结束了。

用科举收买人心

武太后明白，要想顺利地登上皇位，收买人心是必不可少的。因此，除了给百姓减负，给官员升官，她还改革了科举制度。

在这个时代，科举分为两种：常科和制科。常科是每年都举行的考试，制科是临时举行的，为选拔特殊人才而设立的考试。

常科主要分为明经和进士两科。明经考的是考生们对儒家经典的熟悉程度，基本上靠死记硬背。而进士考的是怎样写文章，需要有一定的才华。本来明经的级别要比进士高，武太后摄政后，却将进士的地位提到了明经之上。这是为什么呢？

终于可以一展抱负了！

有人说，这是因为武太后更欣赏有才华的人，所以提高了进士的地位。

还有人说，这是武太后笼络人才的一种手段。因为在这个时代，印刷业非常落后，穷人家的藏书非常少。而常科考的是对书本的死记硬背，这样就对那些明明很有才华，却因为穷而买不起书的人很不公平。因此武太后提高进士的地位，对寒门子弟非常有利，而当他们通过科举当上大官后，自然也对太后感恩戴德。

除了改革常科，武太后还频繁地举行制科考试。制科与常科有什么不同呢？

首先，常科考的是学问，而制科考的是实际能力。考生通过了常科考试，并不代表马上就有官做，他还要经过一定的选拔和培养才行。而制科就不同了，通过考试马上就能上任。

其次，常科的考试对象是白丁，也就是没有官职的人；而制科就不同了，不论是普通老百姓还是当朝大官都能参加。

为了进一步拉近和考生的距离，武太后还亲自主持了殿试。

公元690年，武太后在洛城殿举行了一场规模宏大的殿试，成千上万的考生涌向洛阳，那场面真是壮观极了。

除了改革文举，武太后还开创了武举。这样，那些没读过什么书，却有一身好武功的人也能做官了。

通过科举改革，武太后不仅在天下学子面前树立了良好的形象，还选拔出不少优秀的人才呢。

越越 大嘴记者

武媚娘 特约嘉宾

嘉宾简介：武媚娘，当朝太后，自称"圣母神皇"。她表面上是太后，实际上已经成为大唐王朝唯一的掌权者。而当今皇帝（即唐睿宗）只不过是她的一个傀儡，随时有被她废黜掉的危险。

越　越：太后您好，我听有人说，上次的宗室造反事件其实都在您的掌控之中，是吗？

武媚娘：哦，大家是怎么说的？

越　越：他们说，其实您早就想对付李家人了，只是一直找不到理由。趁这次洛阳大典的机会，您故意给宗室的人施加压力，逼他们造反。这样一来，您就能名正言顺地把李家人一网打尽了。

武媚娘：是吗？

越　越：额，我们已经知道，这次的主谋李贞父子都已经死了，那么剩下的人呢，请问您是怎么处置他们的？

武媚娘：一个字——杀！

越　越：（打了个冷战）听说这次薛绍也受到了牵连？

武媚娘：他是太宗皇帝的外孙，这次谋反他也有份儿。

越　越：可薛绍不是别人，是您女儿太平公主的丈夫啊！看在太平公主的面子上，您没有想过放薛绍一马吗？

武媚娘：我对他已经法外开恩了，只让人打了他一百棍，关进大牢里饿死。

越　越：（又打了个冷战）这也算是法外开恩吗？

武媚娘：至少给他留了个全尸，不是吗？

越　越：那您有没有想过，您杀了薛绍，那太平公主不成寡妇了吗？

武媚娘：不要紧，我再给她找一个就是了。

越　越：您已经有人选了？

武媚娘：我侄儿武攸暨（jì）就不错。

越　越：可我听说武攸暨已经有老婆了。

武媚娘：是吗？呵呵。

越　越：对了，太后您是怎么处置李蔼的？他虽然是李家宗室，可却向您告过密，您应该会奖励他吧？

武媚娘：那当然，我一向是个赏罚分明的人。不过像他这种人，为了保住自己的性命，连亲人都能出卖，把这种人留在身边，我很不放心。

越　越：所以呢？

武媚娘：所以我让他和他的亲人团聚了。

越　越：那李唐宗室中还剩下谁？

武媚娘：在李家的十个亲王中，只有我的两个儿子——李显和李旦没有参与这次谋反。

越　越：那其他的亲王……

武媚娘：都死了。噢，对了，我还想起一个人——千金公主，她送了我一个叫薛怀义的男宠，还认我做干妈。我看她对我一片忠心，就放了她一马，赐她姓"武"，封她做了延安公主。

越　越：这位千金公主我听说过，她年纪好像挺大了。

武媚娘：（笑）她今年七十多岁了，是高祖皇帝的女儿。

越　越：她是高祖皇帝的女儿，也就是您的姑姑，而且又有七十多岁了，还认您做干妈，这辈分乱的……

武媚娘：她自己都不介意，你在这儿瞎操心什么。

越　越：那倒也是，唉，好吧，今天的采访就到这里了，太后再见。

（采访结束后没多久，武媚娘就杀了武攸暨的原配妻子，接着将太平公主嫁给了他。）

广告铺

 ## 出售骆宾王诗集

骆宾王是当世绝无仅有的大才子，在七岁时就写出了著名的《咏鹅》诗。如今才子已经凋零，但他的作品却将千古流芳，本书肆现有大量骆宾王诗集出售，其中包括著名的《咏鹅》《帝京篇》《在狱咏蝉并序》等，欢迎大家前来购买。

百文书肆

 ## 奖励农桑政策

全国各级官员听好了，从光宅元年（公元684年）起，国家将实行"奖励农桑"的政策。凡是当地耕地有增加，百姓家里有余粮的，地方长官都能得到相应奖赏；凡是户口减少的，地方长官要受到处罚。

武太后

 ## 关于改革的通知

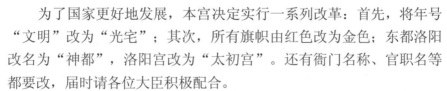

为了国家更好地发展，本宫决定实行一系列改革：首先，将年号"文明"改为"光宅"；其次，所有旗帜由红色改为金色；东都洛阳改名为"神都"，洛阳宫改为"太初宫"。还有衙门名称、官职名等都要改，届时请各位大臣积极配合。

武太后

第 9 期
公元690年——公元697年

女皇和酷吏

远则不肖

穿越报
CHUANYUE BAO

 穿越必读 CHUANYUE BIDU

公元690年，六十七岁的武则天终于登上帝位，成为中国历史上第一个女皇帝！女人登基称帝，自然引来了不少人反对，该怎样消灭这些敌人呢？武则天制定了一系列告密制度，并开始重用酷吏，于是，一个人人谈之色变的酷吏时代来临了！

武太后称帝了

——来自洛阳的加密快报

公元690年九月初九，这一天是重阳节，本来是一个登高望远、赏菊出游的好日子，可大家的注意力却被另一件事吸引了。因为就在这一天，武太后正式称帝了，改国号为周。从此，李家正式被武家代替！

对这件事，大唐百姓并没有感到很惊讶，因为无论登不登基，天下早就在武太后的掌握之中了。不过有人不明白的是，女皇为什么将国号定为周？这其中有什么缘由吗？

官方的解释是这样的：

当年周平王有一个小儿子叫姬武，后来，姬武的后人就改姓武了。也就是说，当今女皇其实是周朝统治者的后人，所以将国号定为周。

虽然也有很多人表示不满，认为一个女人不应该越俎（zǔ）代庖（páo），抢自己儿子的皇位。可不满归不满，女皇登基的事实却是无论如何也改变不了的。

洛阳八百里加密快报！

女皇登基的始末

其实，早在几年前，武太后就为称帝做准备了。她先是命人造了一座富丽堂皇的明堂（一般只有天子才能坐明堂），接着又改革了文字。武太后还专门为自己造了一个字——曌（zhào）。曌由日、月、空三个字组成，是"日月当空"的意思。武太后将名字改为武曌，以彰显自己像太阳和月亮一样，照耀着天下的黎民百姓。

接着，全国各地都出现了祥瑞。大家都说，这是上天要让太后做皇帝啊。终于，公元690年九月三日，侍御史傅游艺带着几百个关中百姓请愿，请太后称帝，太后谦虚地拒绝了，不久后却给傅游艺升了官。

接着，洛阳百姓又来请愿，武太后还是谦虚地拒绝了。

再接着，文武百官也来请愿了。他们说："如今上天要让陛下做皇帝，百姓也将陛下视为母亲。如果陛下一再谦虚，不愿遵从上天的意愿，不愿顺应百姓的呼声，臣等又该怎么办呢？"

就连皇帝李旦也来请愿了，说自愿降为皇嗣，并改为武姓。

武太后还想推让一番，这时，有人惊叫道："看啊，有只凤凰飞到宫里去了！"

接着又有人喊："看啊，百鸟都来朝凤了！"

百姓们发出阵阵欢呼，看到这场景，武太后终于点头了："既然这样，那我就遵从上天的旨意吧。"

就这样，武太后为了顺应天命和人心，终于登基做了皇帝。

丧心病狂的酷吏

女皇登基了，可天下还有很多人不服，他们很可能成为下一个李敬业或李贞。每每想到这里，女皇心里就很不踏实。

该怎样预防这种情况呢？

女皇发明了告密制度。她命人造了一个很大的铜箱子，这铜箱子叫匦（guǐ）。它分为四个格子，分别朝着东南西北四个方向。东面的格子是青色的，求官的人可以朝里面投自荐信；西面的格子是白色的，专供有冤的人写信申冤；南面的格子是红色的，大家对朝廷有什么建议或意见，都可以写信投进去；北面的格子就厉害了，黑黢（qū）黢的，是专门用来投告密信的。

除了写信告密，女皇还鼓励大家当面告密。就算是普通老百姓，也能去女皇跟前直接告密。

女皇还下了一道命令：

"凡是要告密的人，当地官员不得盘问，还要为他提供上好的车马和食物，把他安安全全地送到洛阳来。"

这样一来可不得了，告密的人从四面八方涌来，把洛阳城的街道都堵塞了。

在这些告密者中，女皇挑选了部分能干的人，提拔他们做了官。而这些人大多都是些地痞流氓，斗大的字不识一个，一个个却心狠手辣、歹毒无比，百姓们都称他们为"酷吏"。其中的代表人物有来俊臣、周兴、侯思止等。

尤其是来俊臣，他还专门写了一本编造罪状、陷害他人的书，叫《罗织经》。里面有这样一句话："不把事情闹大，怎么能震慑天下？不多牵扯一些人进来，怎么能彰显我们的功劳？当然，其中免不了有人被冤枉，可这也是没办法的事情。"

听了这话，大家愤愤地说："什么罗织经，根本就是一部害人经！"

然而，酷吏们正是靠着这部害人经，官越做越大，越做越风光。他们还发明了很多惨无人道的酷刑。比如往犯人的鼻子里灌醋；用一个铁圈套住犯人的脑袋，再往里面钉楔子；让犯人跪在地上，并把枷锁举到头顶，再往枷锁上摞砖头……

总之，酷吏们想尽一切办法虐待犯人。有些人被活活地折磨死了，还有些人被屈打成招，最后变成了一缕冤魂。

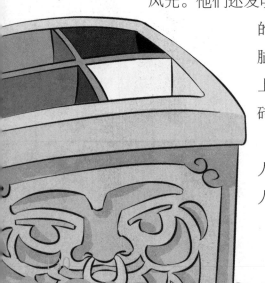

耸人听闻的流人被杀事件

还记得多年以前，民间出过一个传言，叫"唐三代后，女主天下"，后来这个传言果然成真了。最近民间又出现了一个传言，叫"代武者刘"，意思是将来会出现一个姓刘的人取代武氏，成为天下的新主人。

女皇听了这个传言很害怕，派人到处搜捕姓刘的人，可却没有一点头绪。有人就对女皇说："可能这里的'刘'不是指姓刘的人，而是那些被流放的人。"

女皇觉得有道理，就派酷吏万国俊去流人的集中地岭南查办这件事。

万国俊是出了名的残忍，他连审都不审，就把三百多名流人召集到广州，说："有人举报说你们谋反，你们自己了断吧。"

流人们当然不愿意，哭着喊着说冤枉。万国俊不耐烦了，将这些流人赶到水边，叫来刽子手，"咔嚓"——将流人们全都杀了。

做完这些，万国俊跑到女皇跟前说："陛下，岭南的流人想造反，我已经把他们全杀了。"

女皇听了非常满意，给万国俊升了官，又派人去别的地方清查流人。这些酷吏们一听杀人就能升官，一个个跟打了鸡血似的，大肆屠杀流人，就看谁杀得快、杀得多。一时间，整个华夏大地，到处都是流人的鲜血。

当老百姓比当官幸福

穿穿老师：

您好，我是一名普通的朝廷官员。曾几何时，大家都想当官，认为当官就能光宗耀祖，就能做人上人。可现在，很多官员却宁愿辞掉官职，回去做一个普普通通的老百姓，因为在这个酷吏横行的时代，做老百姓实在是比当官要幸福多了。

我每天上朝前都要和妻儿诀别，因为这一去，就可能再也回不来了，我的同僚们也是如此。我们这些官员还有一个绰号，叫"鬼朴"，意思是"做鬼的材料"。宫女们一看到我们，就喊"鬼朴又来啦，鬼朴又来啦"，意思是送死的人又来啦。

唉！真不知道这种提心吊胆的日子要过多久，如果女皇再不整顿酷吏，我就真的准备辞掉官职，回家种田去了。

某官员

某官员：

您好。女皇之所以重用酷吏，无非是因为她刚刚登基，地位还不稳固，所以想利用酷吏来除掉反对派，巩固自己的地位。如今女皇的地位日渐巩固，酷吏就用不着了。而且女皇也觉察到了酷吏带来的危害，相信过不了多久，女皇就会找他们算账，请您耐心等待吧。

《穿越报》编辑 穿穿

请君入瓮

在女皇培养的酷吏中，有两个人最为有名，一个叫周兴，另一个叫来俊臣。这两人一个比一个残酷，一个比一个丧心病狂，这些年不知作了多少恶，残害了多少人命。

公元691年，周兴终于也被人告发谋反了，女皇将这件事交给来俊臣去办。

来俊臣接到任务后，请周兴来家里喝酒。喝得正高兴，来俊臣突然问："周兴啊，我问你，有些犯人就像茅坑里的石头一样又臭又硬，无论如何都不肯认罪，该怎么办？"

"这还不简单。"周兴洋洋得意地说，"只要找一个大瓮，并将它用炭火烤红了，再把犯人丢进去就行了！"

来俊臣恍然大悟："对呀，我怎么没想到？"立刻叫人搬来一个大瓮，并将它用炭火烤得通红。

"周兴啊，现在有人告你谋反呢。"来俊臣皮笑肉不笑地对周兴说，"怎么样，你自己钻到瓮里去吧。"

周兴一听，吓得魂飞魄散，立刻跪在地上认罪了。

来俊臣的末日到了

公元697年，来俊臣的末日终于到了！事情是这样的：

来俊臣在行凶作恶的时候，顺便抢了一个老婆王氏，她是鼎鼎有名的世家大族太原王氏家的女儿。有一次，来俊臣正在家里大摆筵席，招待王氏家族的人，这时，他的一个下属卫遂中来找他喝酒。

来俊臣嫌卫遂中身份低贱，又没什么素质，就叫人把他拦在了外面。

卫遂中果然是个没素质的人，他不顾家丁的阻拦，冲进来把王氏一顿臭骂。王氏是个大家闺秀，哪里受过这种辱骂，没几天就自杀了。卫遂中知道自己闯了祸，吓得一连几天没睡觉。虽说来俊臣现在没有找他麻烦，可是以他心狠手辣的性子，保不准将来会翻旧账。于是卫遂中暗暗对来俊臣起了杀心！

很多人都知道，来俊臣让人做了一批靶子，每个靶子上写了一位当朝官员的名字。来俊臣没事的时候就丢石头玩儿，石头砸到谁的名字，就拿谁开刀。所以朝中人人自危，生怕哪天倒霉，

名字被来俊臣砸中，白白送掉一条性命。

卫遂中就去找女皇的侄儿魏王武承嗣，并对他说："你知道上次来俊臣砸到谁了吗？不是别人，正是魏王您啊！"

武承嗣一听吓得魂飞魄散，心想要先下手为强，不如我现在就去女皇跟前告他一状。

于是，武承嗣找来武家子弟、太平公主等人，就连前任皇帝李旦也被他拉拢了过来。大家一起跑到女皇跟前告来俊臣的状，说他贪赃枉法、滥杀无辜，甚至有造反的倾向！可女皇对来俊臣正信任着呢，她不相信来俊臣会造反，就将这件事搁置起来了。

直到有一天，女皇骑马去禁苑散心，为她牵马的人也是一个酷吏，叫吉顼（xū）。两人一边散步，一边聊天。

女皇问："吉顼啊，最近外面有什么状况吗？"

吉顼赶紧回答："大家都在讨论陛下为什么还不杀掉来俊臣。"

女皇说："来俊臣是国家的功臣，哪能说杀就杀呀。"

吉顼说："来俊臣横行霸道，收受贿赂，陷害忠良，枉杀无辜，死在他手中的人数不胜数。像他这样的人，对国家有百害而无一益，陛下还留着他干什么呢？"

女皇仔细一想，觉得吉顼说得对，这才下令把来俊臣杀了。

酷吏时代终于结束了

这个来俊臣作恶多端，太可恶了，如今终于受到制裁了。听说他死后好多人拿他的尸体泄愤，可见这人生前是有多遭人恨！

王姑婆

黄麻子

你们有没有发现，周兴和来俊臣一死，天下就再也没有谋反案了。这说明什么？说明之前那么多谋反案都是这两个人搞出来的！可怜那些因"谋反"被杀的人，真是太冤枉了。

是啊，其实这一点女皇也发现了，还和大臣们讨论过呢。相信从今以后，女皇再也不会任用酷吏了，酷吏时代终于结束啦！

刘镖师

某官员

是啊，酷吏时代终于结束了！除了周兴和来俊臣，还有其他二十多个酷吏不是被杀，就是自杀或发疯了，我做梦都盼着这一天啊！

名人有约 MINGREN YOU YUE

越越 大嘴记者

来俊臣 特约嘉宾

嘉宾简介： 他是武周时代有名的酷吏，是"请君入瓮"故事中的主人公之一，也是一个丧心病狂的刽子手。在酷吏横行时期，他像疯狗一样到处咬人，害得无数人家破人亡，含冤而终。因此不论是官员还是百姓，都对他恨之入骨。

越　越：来大人你好，关于你的身世，我们听说过一些不大好听的传言，不知道是不是真的。

来俊臣：（脸色不大好）你说来听听。

越　越：据说当年有两个赌鬼，一个姓蔡，一个姓来。有一次，姓蔡的赌鬼输了姓来的赌鬼好多钱，只好把自己的老婆送给对方抵债。当时这个女人已经怀了孕，后来生下一个儿子，取名叫来俊臣，也就是来大人你。

来俊臣：（不说话，但脸色臭到了极点）

越　越：这么说，传言还是有一定的可信度喽。不过来大人也别耿耿于怀，毕竟一个人的出身是自己无法选择的嘛。

来俊臣：越越我警告你，把我惹火了对你没好处！

越　越：呃，难道你想去女皇跟前诬告我造反？别白费力气了，来大人，我跟女皇很熟的，她不会相信你的！

来俊臣：（气急）你……

越　越：对了，我还听说你年轻的时候是个有名的恶棍，什么杀人放火，无恶不作，最后被人关到监狱里去了，是这样吗？

来俊臣：是又怎样？

越　越：那你后来是怎么出来的？难道越狱了？

来俊臣：你才越狱呢！这多亏了女皇下的诏令：凡是告密者，官员一律不得阻拦，还要好吃好喝供着，平平安安地送到京城。虽然当时我是个囚犯，可只要我有密要告，监狱里的长官也不敢拦我，乖乖地把我送到女皇跟前去了。

越　越：噢，原来你是靠告密发的家呀！

来俊臣：（得意）那当然。

越　越：你还觉得挺荣幸，是吧？我看可以用一个成语来形容你，那就是"鲜廉寡耻"，你同意吗？

来俊臣：（再次气急败坏）你……

越　越：别瞪着我，就算你去女皇跟前诬告我也没用。我还听说你这个人特别好色，看中谁家的老婆，谁就得倒霉。

来俊臣：嘿嘿，告诉你吧，凡是宰相以下的官员，他们的家庭成员我都一个个登记了姓名，我夫人王氏你知道吧，大名鼎鼎的太原王家的女儿，她就是我抢回来的，哈哈！

越　越：果然是无耻至极啊！

来俊臣：哈哈，你尽管骂吧，反正我也被人骂惯了。

越　越：（无语）来俊臣，你有没有想过，你害死了那么多无辜的人，害得那么多人妻离子散、家破人亡，就不怕有一天受到惩罚吗？

来俊臣：怕什么，上头有女皇罩着我呢。

越　越：好吧，我没什么可说的了，最后给你一句忠告：做恶的人迟早会受到惩罚！再见！

广告铺

寻物启事

我昨天去洛水边踏青，不小心丢了一根翠羽簪。簪架是纯金的，并镶嵌了三颗红宝石，上面还有几根翠绿色的羽毛做装饰，羽毛外围有一圈金边。这根簪子对我意义重大，希望捡到的人能还给我，必有重谢。

王小姐

女子骑马比赛公告

下个月初十，洛阳河边将举办一场女子骑马比赛，希望各位姑娘、夫人积极报名参加，一展我大唐女子的风范。

唐夫人

小重阳赏菊公告

明天就是小重阳了，本书院将于明天下午举办一场赏菊赋诗活动，地点在书院南边的菊花园中，希望各位学子按时参加。

白马书院

（编者注：唐朝的重阳节有两天，九月初九是重阳，九月初十是小重阳。）

第3关

智者无敌
王者为大

1. 李弘当过皇帝吗？
2. 李弘之后谁被立为太子？
3. 武则天为什么陷害李贤谋反？
4. 李治哪一年驾崩的？
5. 武则天废掉唐中宗李显后，立谁为新皇帝？
6. 《滕王阁序》的作者是谁？
7. 武则天为什么派丘神勣去李贤住所？
8. 李敬业起兵造反打的是谁的旗号？
9. 唐高宗留给唐中宗的顾命大臣是谁？
10. 唐朝科举分为哪两种？
11. 在科举中，是明经的级别高还是进士的级别高？
12. 武则天称帝的时候，李家的三代皇子中只剩下哪两位？
13. 武则天是哪一年称帝的，当时她多少岁了？
14. "曌"字是谁发明的？是什么意思？
15. 女皇为什么重用酷吏？
16. 《罗织经》是一本什么样的书？
17. "鬼朴"是什么意思？指的哪些人？
18. "请君入瓮"的主人公分别是哪两个人？
19. 唐朝的重阳节有几天？

女皇与贤臣

赵助不贵

穿越报

CHUANYUE BAO

【烽火快报】
· 女皇推出"试官"制度

【叱咤风云】
· 神探狄仁杰
· 硬汉魏元忠
· 胆大包天的徐有功
· "忍者无敌"娄师德

【名人有约】
· 特约嘉宾：狄仁杰

【广告铺】
· 红梅妆教学公告
· 将士凯旋，普天同庆

穿越必读 CHUANYUE BIDU

　　武则天明白，酷吏只能用来安定天下，若要治理天下，靠的还是真正的人才。于是，武则天制定了一系列的人才选拔制度，不拘一格降人才。朝中一时间涌现了大批贤才，如狄仁杰、徐有功、娄师德等。

女皇推出"试官"制度

——来自洛阳的加密快报

公元692年，女皇又突发奇想，推出了一套"试官制度"。试官制度，就是不管三七二十一，先给你一个官当当，看你干得怎么样。

女皇为什么要这么做呢？

原来，女皇是一个非常重视人才的皇帝，为了从全国选拔出最优秀的人才，她可谓是煞费苦心，除了改革科举制度，还制定了一系列的人才选拔制度，"试官制度"就是其中的一种。

有人见试官的人太多了，就写了一首诗挖苦，大概意思是：如今当官的人真多啊，用车都装不完，用斗都称不下。拿耙子一耙就是一堆侍御史，用碗一扣就是一个校书郎。

这首诗很快就流传开来，有个举人觉得有趣，又补了几句，大概意思是：那些个当官的，一个个都是酒囊饭袋，啥都不会，只会溜须拍马，蒙骗当今皇上。

谁知这下闯祸了，有个御史很生气，把举人告到女皇那儿去了。

女皇听了这首诗，哈哈一笑，说："算了，别跟他计较了，只要你们不是真得像他诗中说得那么差就行啦！"

洛阳八百里加密快报！

神探狄仁杰

当朝官员中，声望最高、最受女皇重视人的非宰相狄仁杰莫属。那么，这个狄仁杰到底有什么过人之处呢？

有人说，狄仁杰是个大贤臣，也有人说，狄仁杰是个大神探，这两种说法都没错。高宗时期，狄仁杰被派去担任大理寺丞，在短短一年时间里，处理了数不清的积压案件，涉及的人数多达一万七千名，没有一个是被冤枉的。

一时间，神探狄仁杰名扬天下！狄仁杰一生中当过两次宰相。第一次担任宰相的时候，他被来俊臣诬告造反，被关进了监狱。来俊臣诱哄他说："只要你招供，就免你一死。"

狄仁杰平静地说："如今已是大周的天下，我作为唐朝旧臣，理应受死，我承认就是了。"

又有人偷偷对狄仁杰说："如果你供出别人，还能从宽处理。"

狄仁杰立刻火了："上有天，下有地，我狄仁杰可干不出这种事来！"

来俊臣见狄仁杰认罪了，就对他放松了警惕。一天，狄仁杰偷偷从被子上扯下一块布，写了一封申诉信，并缝在棉袄里，交给狱官说："如今天气变暖和了，这件棉衣我也用不着了，你通知我家里人拿回去吧。"

狱官没有怀疑，等狄家人来探监的时候，就把棉衣交给他们

了。狄仁杰的儿子非常聪明，回去后把棉衣拆开一看，发现了父亲的申诉信，就马上把信送到女皇面前。

女皇看了申诉信，叫来狄仁杰："既然你是被冤枉的，为什么还要认罪？"

狄仁杰说："我要是不招供，早就被活活打死了，哪里还有平反的机会？"

女皇心想也是，于是从轻发落，把他贬到外地做县令去了。

从这件事可以看出，狄仁杰的确是个足智多谋的人，完全配得上"神探狄仁杰"的称号。

来俊臣垮台后，狄仁杰再一次被提拔上来担任宰相。狄仁杰除了自己清廉贤明，还为大周推荐了不少贤才呢。

一次，女皇问狄仁杰："最近有没有什么人推荐啊？"

狄仁杰问："陛下想要个什么样的。"

女皇说："我要个能当宰相的。"

狄仁杰就给女皇推荐了张柬之。张柬之虽然是个老头子，可他能力出众，办事干练，是个不可多得的人才。女皇先是将他提拔为侍郎，后来又让他做了宰相。

狄仁杰在任时推荐的人才多达几十人，他们后来都成了国家栋梁。女皇对狄仁杰非常敬重，常常称他为"国老"。他死后，女皇怅然若失地说："老天为什么这么早夺走我的国老啊？"

硬汉魏元忠

　　魏元忠在狄仁杰之后做了宰相，同时，他也是一位鼎鼎有名的硬汉宰相。

　　酷吏横行那会儿，魏元忠曾经三次遭到陷害，三次被流放，还差点儿丢了性命。女皇问他："你这人怎么回事，老被人陷害？"

　　魏元忠说："臣好比一匹野鹿，那些陷害我的人就像猎人，一个个对我的肉垂涎三尺。他们总追着我不放，不过是为了升官讨赏，可我又有什么错呢？"大家都知道，自从薛怀义死后，女皇又得到两个男宠，一个叫张昌宗，另一个叫张易之。这两人深受女皇宠爱，一般大臣都不敢得罪他们，只有魏元忠不把他俩放在眼里。魏元忠做洛州刺史的时候，有一次张易之的家奴在街上闹了事，别的官员们都不敢出面，魏元忠听了，二话不说，把那个家奴抓起来，暴打了一顿，最后竟把他打死了。

　　魏元忠做了宰相后，女皇想提拔张易之的弟弟张昌期做长史，便问大臣们的意见。

　　大臣们都说："张昌期精明能干，让他做长史最合适了。"

　　只有魏元忠沉着一张脸说："张昌期这个人，年轻不懂事，担不起这个责任。"

　　女皇只好把这事搁置下来。

　　见魏元忠老跟自己对着干，张易之恨得牙痒痒，就和张昌宗一起跑到女皇面前诬陷他，说他与同事合谋，打算废掉女皇，扶

持李旦登基。女皇大怒，立刻把魏元忠抓起来，准备在第二天上朝的时候亲自审问。张昌宗怕露馅，就找到魏元忠的部下张说，说只要他愿意作伪证，就让女皇提拔他。张说答应了。

第二天，审讯开始了，女皇让人传证人张说。

在去的路上，一个叫宋璟（jǐng）的官员提醒张说："一个人最重要的是名誉，你可别助纣为虐啊！"

另一个官员刘知几也说："千万不要在历史上留下污名，连累子孙啊！"张说一听，冷汗直冒，连连点头称是。

张说一进朝堂，魏元忠就大声质问："张说，你想与张昌宗狼狈为奸吗？"张说沉默不答。

女皇问："张说，有人说你亲耳听到魏元忠诽谤朝廷，是真的吗？"

张说淡淡地说："魏公的宰相白当了，竟说出这种不明事理的话来。"

张昌宗一听有些着急："你作证就作证，说些没用的话干什么！"

张说看了张昌宗一眼，说："陛下您看，在朝堂上他都敢逼我，更别说在宫外了。他说魏公诽谤朝廷，我可什么也没听到，都是他逼我来作伪证的。"

张昌宗生气地说："我看你跟魏元忠就是一伙的！"

听了他们的对话，女皇心里已经有数了，对张说说："你真是反复无常的小人。"并把张说抓了起来。

由于没有找到魏元忠谋反的证据，后来，女皇只将魏元忠贬了官，将张说流放了。

大家快追啊，追到了有肉吃！

谁敢动我的贤臣！

胆大包天的徐有功

徐有功是司法部的官员，也是一个出了名的胆大包天的人。

当年李贞父子造反，很多人受到牵连，其中有个官员只因为帮李贞收过债，竟然被判了死刑。徐有功坚持认为，这个官员不是谋反的罪魁祸首，不应该受到这么重的处罚。

为了这件事，徐有功还和女皇在朝堂上争了起来。

女皇怒气冲冲地问："那你来说说，什么是罪魁祸首！"

见女皇发怒了，文武百官吓得双腿直哆嗦，徐有功却据理力辩："罪魁祸首，就是犯罪头目的意思。这次谋反案的罪魁祸首是李贞父子，官员顶多算同谋。"

女皇想了想说："好吧，算你说得对。"于是没有杀掉那个官员。

从这以后，徐有功胆大包天的名声就传开了。徐有功不仅胆子大，还是一个非常慈悲的人。

女皇刚登基那会儿，司法部大多是些酷吏，只有徐有功和一个叫杜景俭的人为人公正，从不枉杀一个人。民间流传着一句话："遇来侯必死，遇徐杜必生。"意思是，那些被告发的人，如果是让来俊臣、侯思止审问，就必死无疑；只有遇到的是徐有功、杜景俭，才能看到活命的希望。

还有一次，皇嗣李旦家的一个下人跑来告状，说李旦的丈母娘窦氏每天晚上诅咒女皇，巴不得女皇早点死，好让女婿李旦当皇帝。当时，窦妃才刚刚被女皇杀掉，理由也是诅咒女皇。

女皇得到消息后大怒，要杀掉窦氏，徐有功却跑来为窦氏求情。女皇正想打击李旦的势力，一看徐有功来捣乱，心想干脆连他一起杀掉算了。

当时徐有功正在办公，下人慌慌张张地跑进来，把这个噩耗告诉了他。

徐有功叹了口气，说："死就死吧，人反正是要死的。"于是该吃吃，该喝喝，日子照过。

有人产生了疑问：一个人在这种情况下还能吃得下，睡得着吗？就偷偷去看，结果发现徐有功不仅睡着了，还打呼噜呢。

女皇听说这事后，心里觉得好笑，又有些感慨，想：这个徐有功果然是个坦荡荡的君子，杀了他未免可惜。女皇就把徐有功叫来问："听说你最近审理案子时，错放了很多人，这是怎么回事？"

徐有功说："臣错放了人，是臣犯了小错；可君主对子民心怀慈悲，却是君主的大德啊！"

女皇沉默了半晌，最终放过了窦氏。

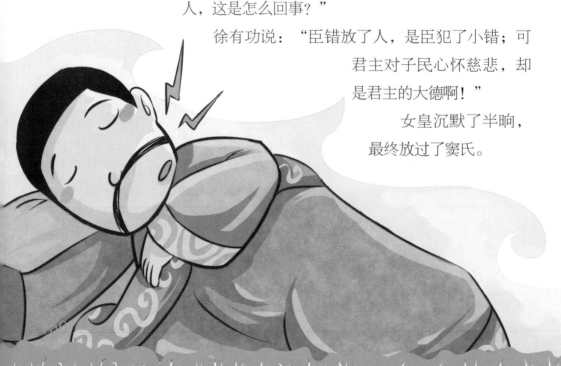

"忍者无敌"娄师德

提起娄师德，很多人立马想到一个字——忍。要说忍的功夫，当朝官员中没有一个人比得上娄师德。

娄师德文武双全，既立过赫赫战功，又曾两次拜相，可以说文能安邦，武能定国。

一次，娄师德的弟弟要去代州做刺史，临走的时候，娄师德对弟弟说："弟弟啊，你看，我是当朝宰相，如今你又做了代州刺史，我们家的荣宠太多了，别人免不了要眼红，你说该怎么办？"

弟弟赶紧跪下说："哥哥你放心，我去代州后绝不给你惹事，就算别人把唾沫吐到我脸上，我也就擦掉，绝不生气。"

"不行啊。"娄师德忧虑地说，"别人把唾沫吐到你脸上，你擦了，就说明你生气了。"

"那我该怎么办？"弟弟傻眼了。

"你什么都别做，让唾沫自己干掉就好了。"娄师德语重心长地说。这就是成语"唾面自干"的由来。

除了能忍，娄师德还有慧眼识英才的本事，大名鼎鼎的狄仁杰就是他举荐的，不过狄仁杰自己却不知道这件事。有一次，女皇故意问狄仁杰："你看娄师德这个人怎么样？"

狄仁杰说："娄师德守边疆还不错，至于其他本事，我还没发现。"

女皇又问："你不觉得娄师德有知人之明吗？"

狄仁杰不以为然："我跟他共事这么久，从来没发现他有这方面的才能。"

女皇哈哈笑着说："狄仁杰啊狄仁杰，你到现在还不知道，你自己就是被娄师德推荐的！"

狄仁杰一听，又是惭愧，又是感动，就跟别人说："娄师德真是有容人之量啊，他包容我这么久，我居然一点也不知道。看来我是比不上他。"

什么才是为官之道

穿穿老师:

　　您好,久仰您的大名,今天能提笔给您写信,我感到非常荣幸。我是当朝宰相苏味道,最近,我听到人们对我的一些批评,他们说我这个人为人处世太过圆滑,非常没有个性。其实他们哪里明白我的苦衷啊,我虽然贵为宰相,可曾经也经历过很多风雨和挫折,我被贬过官,坐过牢,被人弹劾过……官场上的人起起落落,我要是不圆滑世故一点,哪有今天的地位,说不定早就成为权力斗争中的牺牲品了。

　　我认为,为官之道没有别的,就是要圆滑变通,您认为呢?

苏味道

苏大人:

　　您好,每位大臣都有自己的为官之道,有人清廉,有人公正,有人忠诚,当然,也有人像您一样,为人圆滑,知道明哲保身。

　　听说您常常说一句话:"处理事情,不用处理得太明白,否则万一做错了,就得担起所有责任。所以,模棱两可最好了,这样两边都抓不到你的小辫子。"正因为您这种模棱两可的态度,大家还送了您一个绰号,叫苏模棱。(编者注:成语"模棱两可"出自于此。)

　　其实,究竟该怎样为官,是明哲保身、碌碌无为,还是为国家、为百姓多做一点实事,每个人都有自己的答案,我们也不便多说什么,不过,就我个人而言,我更倾向于后者!

《穿越报》编辑 穿穿

一代奇女子上官婉儿

自古以来就没有女人当官的，可自从女皇称帝后，女人当官这现象就越来越常见了。尤其是那个上官婉儿，她可真是一个奇女子。你们知道她爷爷是谁吗？就是那个曾经想废掉女皇，后来被女皇杀掉的上官仪。上官婉儿作为罪人之后，居然能让女皇如此重用，真不知道她是怎么办到的。

铁匠小卢

听说上官仪被杀的时候，上官婉儿才刚刚出生，她和母亲一起被送到宫里当了宫婢。她从小聪明伶俐，不论什么一学就会，在皇宫里远近闻名。后来女皇听说了她的名字，就召见了她，结果发现这个女孩果然不简单，就把她留在了身边。

渔夫阿罗

听说上官婉儿曾经也想过为爷爷报仇，可后来被女皇的气魄和威严征服了，所以放弃了报仇，一心为女皇效力。

盐商王先生

上官婉儿不但和女皇一样很有政治头脑，而且诗也写得很不错呢，人长得又漂亮，谁要是能娶到她啊，那可真是天大的福气！

鲁屠夫

越越 大嘴记者

狄仁杰 特约嘉宾

嘉宾简介：高宗时期曾担任大理寺丞，他足智多谋、断案如神，一年内处理了数不胜数的积压案件，有"神探狄仁杰"的称号。武周时期曾两次拜相，有识人之明，为朝廷推荐了许多贤才，被武则天尊称为"国老"。

越　越：狄公，您好，我们前段时间做了一个调查：大周朝你最喜欢的宰相是谁？结果狄公您高居榜首，所以我们就来采访您了。大家对您的生平经历都很好奇，您能跟我们详细说说吗？

狄仁杰：好的，我是科举出身，考的是明经。刚开始，我在汴州做判佐，后来在阎立本阎大人的推荐下，去并州都督府做了法曹。

越　越：判佐和法曹是什么官职？

狄仁杰：简单来讲，它们都是司法机关中的职位。

越　越：噢，所以后来您升任大理寺丞，还是在司法机关，对吧？

狄仁杰：对，你知道大理寺吧，它是专门负责审理刑事案件的机构（编者注：其相当于现在的最高法院）。大理寺的主官是大理寺卿，其次是大理寺少卿、大理寺寺正和大理寺丞。我就是大理寺丞，负责各种司法案件的复审。

越　越：您在一年之内处理了那么多积压案件，涉及的人数多达一万七千名，这可是个了不起的数字啊！您有没有觉得辛苦呢？

狄仁杰：哈哈，说不辛苦是假的，

不过这是我应该做的。

越　越：那后来您是怎么当上宰相的呢？

狄仁杰：后来我担任过很多职务，官位也是升了贬，贬了升。后来我在豫州做刺史的时候，陛下（编者注：这里指武则天）听说我为人公正，执法严明，就把我调到京城做了宰相。

越　越：就这么简单？

狄仁杰：说起来简单，做起来难。我记得陛下有一次问我："你在豫州的名声那么好，可还是有人在我跟前说你坏话，你想知道是谁吗？"

越　越：您怎么回答的？

狄仁杰：我说，如果那人说得对，我应该尽力改正；如果他是在诬陷我，只要陛下别信就好了。至于他是谁，我并不想知道。

越　越：说得真好。我们知道，后来您被来俊臣诬陷，差点死在大牢里，接着又被贬了官。那您后来是怎么再一次当上宰相的呢？

狄仁杰：没有别的办法，只能一步一步往上爬。先是小小的彭泽县令，后来是冀州刺史，再后来是幽州都督。我在地方为官一直兢兢业业，尽忠职守，再加上对朝廷一片忠心，陛下就又把我召回去了。

越　越：原来是这样。对了，听说陛下最近打算立皇太子，对于这件事，您有什么看法？

狄仁杰：如今有两个人选，一个是陛下的侄儿武承嗣，另一个是皇嗣李旦，平心而论，我更偏向于皇嗣。

越　越：为什么？

狄仁杰：为什么？因为天下人都还思念着唐朝啊（神情怅惘）！

越　越：是啊，我也感觉到了，但愿陛下能成全天下百姓的心愿。好了，今天的采访就到这儿，狄公再见。

狄仁杰：越越再见。

广告铺

 红梅妆教学公告

如今皇宫里什么妆容最流行？当然是红梅妆！红梅妆是当代鼎鼎有名的大才女上官婉儿发明的。据说当年上官婉儿因为得罪了女皇，被罚在额头上刻字（编者注：其被称为黥刑），为了掩饰受过刑的痕迹，她便在额头上画了一朵梅花，谁知这样一来，显得自己更加娇艳明媚了，妃嫔和宫女们见了，纷纷效仿，于是红梅妆就这样流行起来。

明天下午，我们会在碧玉轩举办一场红梅妆公开教学活动，届时宫女小玉和小月将亲自前来教学示范，各位爱美的夫人、小姐们可千万不要错过哦！

碧玉轩

 将士凯旋，普天同庆

前段时间（公元692年），朕命大将王孝杰与阿史那忠节率兵征讨吐蕃，如今大获全胜，并收复龟兹（qiū cí）、焉耆（qí）、于阗（tián）、疏勒四镇，朕心中感到十分欣慰，希望全国人民共同来庆祝这场胜利！还有两位大将骁勇善战，为国尽忠，朕会记住你们的，国家会记住你们的！

武曌

第11期

公元690年—公元705年

龙椅让给谁

穿越报
CHUANYUE BAO

【烽火快报】
· 洛阳百姓联名上书，请求废掉皇嗣

【叱咤风云】
· 野心勃勃的武承嗣
· 倒霉鬼李旦
· 鹬蚌相争，渔翁得利

【名人有约】
· 特约嘉宾：李显

【广告铺】
· 女皇封禅嵩山
· 讨伐突厥的诏书
· 河北道安抚大使狄仁杰的公告

穿越必读 CHUANYUE BIDU

　　自从登基后，武则天就面临着一个问题：到底立谁为皇太子？立儿子，儿子是李家的人，那么大周王朝将一代而灭；立侄子，大周王朝可以继续维持下去，可侄子却跟自己不亲。到底将皇位传谁好，儿子还是侄儿？女皇为这个问题苦恼不已。

洛阳百姓联名上书，请求废掉皇嗣

——来自洛阳的加密快报

公元691年，洛阳数百名百姓联名向女皇上书，请求废掉皇嗣李旦，立魏王武承嗣为皇太子！这是怎么回事？女皇也很疑惑，就接见了百姓代表王庆之，问：

"皇嗣是我的儿子，你们为什么要我废掉他？"

王庆之说："陛下，如今大周朝是武家的天下，怎么能让一个外姓人来继承江山？"

女皇沉默了。其实她早就想到了这个问题，只是一直下不了决心。

沉默了一会儿，女皇挥挥手说："你先下去，这事我要好好想一想。"

王庆之却急了，跪在地上，将头磕得砰砰响："陛下今天要是不答应，我就撞死在这里。"

女皇无奈了，只好说："事关重大，我不能草率地下决定。这样吧，我给你一个特权，以后什么时候想见我，直接进宫就行。"

就这样，王庆之走了，女皇却陷入烦恼中：到底要不要废掉皇嗣呢？

来自洛阳的加密快报！

野心勃勃的武承嗣

有人爆料说，洛阳百姓请愿其实根本就是一场骗局，都是武承嗣一手策划的。

武承嗣为什么这样做呢？很简单，因为他想当皇帝。

女皇登基后，皇帝李旦就降为皇嗣了，他既不是皇太子，也不是普通的皇子，那他究竟是什么呢？女皇自己也说不清楚。说实话，她不大愿意将皇位传给李旦，因为这就意味着把江山又交还给李家人了。可是不把皇位传给自己的儿子，那又传给谁呢？

于是，作为女皇侄儿的武承嗣成了第一人选。

武承嗣也蠢蠢欲动，试问天下谁不想当皇帝呢？可是，要想顺利地当上皇太子，就必须先除掉最大的阻碍——皇嗣李旦！武承嗣找来一个叫王庆之的人，叫他假扮成普通老百姓，再带上一群洛阳百姓去跟女皇请愿，于是就有了前面的那场闹剧。

洛阳百姓请愿之后，女皇心烦意乱，就找来宰相岑长倩商量。

岑长倩是唐朝老臣，对李唐有着很深的感情，一听要废掉皇嗣李旦，立马急了：

"皇嗣好好地待在东宫里，没招谁也没惹谁，为什么要废掉他？再说了，立谁为皇太子是一个老百姓该过问的吗？臣建议，将王庆之抓起来好好教训一顿，以儆效尤。"

女皇沉默了一会，还是拿不定主意。

武承嗣等啊等，等得花儿都谢了，还是没等到立他为皇太子的圣旨，不由暗暗恼火，心想：都怪岑长倩这个老东西，看我怎么收拾你！于是找了个借口，把岑长倩调到边关打仗去了。岑长倩前脚刚走，武承嗣后脚就参了他一本，说他图谋造反。

岑长倩落到酷吏手里，自然没什么好下场，很快就被整死了。

我想当皇帝！

武承嗣抓紧时间，叫王庆之继续去女皇跟前请愿。王庆之仗着特权，一次次往皇宫跑，终于把女皇给惹烦了，就叫人把他教训了一顿。

执行命令的是李昭德，也是一位对李唐怀有深厚感情的老臣。

接到命令后，李昭德乐坏了，立刻叫人把王庆之架出去："这个不长眼的东西，竟然想废掉我们的皇嗣，立武承嗣为皇太子！如今我奉陛下的命令教训教训他！"说完，

叫人将王庆之一顿暴打，最后给活活打死了。

女皇听说王庆之死了，不免有些可惜："王庆之说的不是没有道理，毕竟武承嗣才是我们武家的人。"

李昭德赶紧说："陛下，武承嗣不过是您的侄儿，皇嗣才是您的亲生儿子。自古以来，从没听说哪个皇帝给姑姑立庙祭祀的，更何况还有高宗皇帝呢。如果武承嗣当了皇帝，将来谁来祭祀高宗皇帝，您忍心这样吗？"

听了这话，女皇更加犹豫了。

过了一段时间，李昭德又上奏说："武承嗣的权力太大了，陛下千万要当心。"

女皇觉得有道理，就罢免了武承嗣的相位。可怜武承嗣一心想当皇太子，却偷鸡不成反而蚀把米，连相位都丢了。

嗯，有道理！

陛下，武承嗣权力过大可要当心呐！

162

两个妃子哪儿去了

穿穿老师：

新年好，我是皇嗣李旦。我现在心急如焚，整天坐卧不安，因为我的两个妃子已经好几天没有回家了。事情是这样的：

正月初二那天，我的正妃和德妃去给陛下拜年，可这一去就再也没有回来。她们两个该不会闯了祸，被陛下关起来了吧？唉，临走前我还一再嘱咐她们两个，现在形势危急，说话做事一定要千万小心，谁知她们两个还是给我闯祸了。

我想去向陛下求情，可又怕惹怒陛下，搞不好连我也搭进去。穿穿老师，你说我该怎么办？

李旦

李旦：

您好。我们要告诉您一个不幸的消息，您的两个妃子永远都回不来了，因为她们已经死了。而这一切都是一个叫韦团儿的女人搞出来的。

韦团儿您应该很熟悉吧，她是陛下身边的宫女，一直喜欢您，可您对她爱答不理的，把她给惹火了。她跑到陛下跟前，诬告您的两个妃子用厌胜之术诅咒陛下，陛下信以为真，就趁正妃和德妃来拜年的时候，把她们杀掉了。

人死不能复生，请殿下节哀。而且我们相信，韦团儿也一定会受到惩罚的。

《穿越报》编辑 穿穿

【很快，韦团儿诬告二妃的事情被人告发，女皇立刻将她杀掉了。】

倒霉鬼李旦

虽然已经查明李旦的两个妃子是被冤枉的，可女皇并没有给她们平反，不仅如此，还将李旦的五个儿子由亲王降为郡王，和李旦一起幽禁起来。

可怜的李旦，每天像犯人一样被人监视着，除了和一帮乐工抚抚琴、唱唱小曲儿外，啥也不能干。朝中的官员们见了，未免有些心酸。一次，两个官员私底下去探望李旦，结果被女皇知道了，立刻下令，将这两个官员处以腰斩！

有了这两人的教训，其他官员再也不敢造次。李旦被彻底地孤立了。

"屋漏偏逢连夜雨，船迟又遇打头风。"对李旦来说，倒霉事是一件接着一件。不久后，又有人告李旦造反，女皇就让来俊臣去审查。

来俊臣最喜欢审谋反案了，更何况还是皇嗣谋反这种大案，接到命令后，立马把李旦身边的乐工抓起来，各种大刑伺候。没一会儿，乐工一个个就招认了。

幸好这时，一个叫安金藏的乐工大声说："皇嗣没有造反！"

"皇嗣没有造反！"安金藏气愤地说，并拔出自己的佩刀，"不信，我剖心证明给你们看！"

说完，安金藏一刀插进自己胸膛，顿时鲜血四溅，把来俊臣给镇住了。

女皇听说这件事后，心中十分感慨，叫来最好的大夫给安金藏医治，还亲自去探望他，说："唉，都怪我儿子不争气，才把你害成这样。"

而这场闹哄哄的皇嗣谋反案也就这么过去了，女皇决定不再追究。

剖心证明给你们看！

165

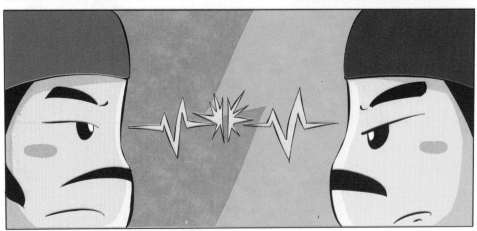

鹬蚌相争，渔翁得利

到底立谁为皇太子好？女皇还没有下定决心。这时，"国老"狄仁杰登场了。

狄仁杰主动找到女皇，说："陛下，当初太祖太宗皇帝之所以辛辛苦苦打下这个江山，就是为了传给子孙后代。高宗皇帝临死前，亲手把江山托付给您，也是希望您将来传给儿子。可如今，陛下却要把它传给外人，这怎么对得起他们？更何况，皇嗣将来当了皇帝，一定会祭祀您和高宗皇帝；而武承嗣当了皇帝，将来祭祀的就是他父亲。臣从来没听说有谁当上皇帝后为姑姑立庙祭祀的。"

这番话和当初李昭德的话如出一辙，女皇心中的天平渐渐倾斜了。

但女皇故作镇定地说："朕的家事，就不劳你操心了。"

狄仁杰却趁热打铁："整个天下都是陛下的，四海之内，有什么事不是陛下的家事呢？再说了，国家就好比一个人，陛下是大脑，臣是四肢，我们原本就是一个整体，更何况我还是宰相，陛下的家事我又怎么能不过问？"

女皇哑口无言，只好把狄仁杰打发走了。

女皇整天为立太子的事心烦，吃也吃不好，睡也睡不好。一天晚上，她做了一个奇怪的梦，梦见一只五彩斑斓的鹦鹉想要飞，却怎么也飞不起来，仔细一看，原来鹦鹉的两只翅膀都被折断了。第二天，女皇把这个梦告诉了狄仁杰。

狄仁杰说:"陛下姓武,这只鹦鹉不就是陛下您自己吗?鹦鹉之所以飞不起来,是因为失去了双翅,而这对翅膀,不就是您的两个儿子吗?有了他们,陛下才能展翅高飞啊!如今庐陵王李显还在房州,陛下为什么不把他召回来呢?"

女皇恍然大悟,可心里还是有些顾虑。

这时,大臣们纷纷请求接回庐陵王。大臣吉顼也一同劝说,就连男宠张易之、张昌宗兄弟也劝女皇接回庐陵王。终于,女皇下定了决心,暗中派人把庐陵王李显接到了洛阳。

女皇让李显躲在帷幕后,召见了狄仁杰。

狄仁杰进宫后,又提起庐陵王的事情来,说到动情处,眼泪哗啦啦地流,只差没号啕大哭。

女皇神秘一笑:"既然你这么想念庐陵王,那我把他还给你好了。"

话音刚落,一个人从帷幕后走出来,那不是庐陵王是谁?

狄仁杰又惊又喜,连连叩头说:"现在庐陵王回来了,可大家还不知道呢。"

女皇就按照隆重的宫廷礼节,将李显迎回了皇宫。

李显回来了,这说明关于立太子的事,女皇心中已经有了答案。李旦识趣地上书请求让位给哥哥李显。女皇顺水推舟,正式将李显册封为皇太子。

女皇为什么不选李旦做太子

茶农老黄

有个问题我一直想不通，陛下为什么不选李旦做太子？李旦虽然名义上是皇嗣，可在待遇和地位上都和皇太子没什么区别，大家心中早就把他当成真正的太子了。而庐陵王李显离开洛阳十五年了，怎么一回来就做了太子呢？

刀客小傅

嗨，你不知道，正因为李显离开洛阳十五年，在京城里没什么势力，所以陛下才立他为皇太子。你想想，要是立李旦为太子，拥护他的人比李显多，要是造起反来，可不就麻烦了吗？

剑客阿飞

是啊！陛下杀了李旦的两个妃子，难保他不会记仇。李显就不同了，他在外面待了那么多年，吃了那么多苦，如今被接回来立为太子，心里对陛下感激还来不及，更别说造反了。

我觉得陛下还考虑到一点。那就是武承嗣为了争太子之位，把李旦害得很惨。李旦如果当上皇帝，估计第一个收拾的就是武家的人。这是女皇不愿意看到的，所以最后选择了李显，而放弃了李旦。

镖师老卢

越越 大嘴记者

李显 特约嘉宾

嘉宾简介：武则天与高宗皇帝的第三个儿子，多年前曾被立为皇太子，并登基称帝（史称唐中宗）。而他登基不到两个月就被母亲废掉了，并降为庐陵王，迁出洛阳。直到十五年后，才被武则天接回皇宫，重新立为皇太子。

越　越：太子殿下好，请问关于您重新被立为皇太子这件事，您有什么感想？

李　显：（神情恍惚）唉，往事不堪回首，一切就像做了场梦一样。

越　越：往事不堪回首？您指的是……

李　显：做庐陵王的那段日子。

越　越：咦，那段日子怎么了？虽然比不上做皇帝风光，但好歹也是个王，应该没人敢虐待您吧。

李　显：（摇头）越越你太单纯了。你知道我二哥李贤是怎么死的吧，他原本也是太子，后来因为与陛下不和，被陛下废掉了，流放到巴州。可陛下对他还不放心，没过多久，就派人去巴州把他逼死了。你不觉得我的遭遇跟他很相似吗？

越　越：听您这么一说，还真是这么回事。

李　显：你想想，有二哥的前车之鉴，我能不害怕吗？你不知道我这些年是怎么过的，一听到有使者来，我就吓得全身发抖，连站都站不稳，生怕是陛下派来杀我的。唉，那种噩梦般的日子，我再也不想过了。

越　越：放心，那些日子已经过去了，如今您已经成了皇太子，没有谁会害您了。

李　显：可我还是害怕，陛下的心太难揣测了，前不久……唉！

越　越：发生什么事了吗？

李　显：（犹豫片刻）你知道张昌宗和张易之兄弟吧。他们两个是陛下跟前的大红人，陛下对他们两个言听计从，一般人都不敢得罪他们。前不久，我那个不争气的儿子和不孝女儿、女婿凑到一起，说张家兄弟俩的坏话，结果被他们俩听到了。

越　越：然后呢？

李　显：张家兄弟到陛下那里告状，陛下很生气，让我回去后好好教训他们一顿。

越　越：那您是怎么处理的呢？

李　显：（掩面）我能怎么办？我刚当上太子，这帮孩子就给我捅出这种娄子来，我心里害怕啊！谁知道陛下会怎么想，是不是在考验我？万一我做错了，陛下又把我赶出洛阳怎么办？

越　越：那您到底是怎么处理的呀？

李　显：我让他们自杀了。

越　越：啊！

李　显：当时我女儿永泰郡主还怀有身孕，就先放了她一马，命儿子李重润和女婿武延基自杀了。郡主听说哥哥和丈夫都死了，一时受不了打击，早产了，最后母子两个都没保住，也死了……

越　越：……

李　显：（掩面痛哭）

越　越：殿下，您是不是会错意了？陛下未必是叫你杀了他们，毕竟他们也是陛下的孙儿孙女啊！

李　显：（哭）现在说什么都晚了，当时我太害怕了，我怕自己落得和二哥一样的下场，更怕陛下一气之下，把我们全家斩尽杀绝。与其一家人都跟着陪葬，不如牺牲他们三个，再说了，祸本来就是他们三个闯的……

越　越：好吧，我无话可说了。太子殿下，您多保重，不要胡思乱想了，再见。

广告铺

女皇封禅嵩山

当年高宗皇帝在世时，就打算去嵩山封禅，只可惜还没等到那一天就驾崩了。如今天下稳定，四海升平，朕决定完成高宗皇帝的遗愿，择日去嵩山封禅，请各位大臣们做好准备。

武曌

讨伐突厥的诏书

这些年来，突厥一直对我大周虎视眈眈，前不久又以"迎立庐陵王"的名义起兵，企图侵犯河北。我堂堂大周王朝，岂能任由突厥人欺负？朕决定，命太子李显为河北道元帅，去河北讨伐突厥人，务必要给突厥人一个教训。

武曌

河北道安抚大使狄仁杰的公告

河北的父老乡亲们请听好，我是河北道安抚大使狄仁杰，前段时间突厥人前来捣乱，给你们添了不少麻烦，还有不少人被迫加入突厥军，还好现在突厥人已经被我们打跑了，大家再也不用害怕啦！曾经加入过突厥军的人也不用担心、不用逃跑，朝廷知道你们是被迫的，不会怪罪你们的。

狄仁杰

穿越报

CHUANYUE BAO

第12期

公元705年

最后的岁月

穿越必读 CHUANYUE BIDU

武则天当政后期，盲目宠信张昌宗和张易之两兄弟，兄弟二人在朝中翻云覆雨，搅乱朝政。为了除掉这两个祸患，宰相张柬之和太子李显等人发动了一场神龙政变，杀掉了张氏兄弟，逼迫武则天退位，一代女皇的政治生涯就这样走到了尽头。

神龙政变，女皇被迫退位

——来自洛阳的加密快报

公元705年正月二十二日，洛阳发生了一场震惊天下的政变。在政变中，张昌宗和张易之兄弟被杀，女皇也被幽禁了。人们将这场政变称为"神龙政变"。

第二天，女皇下令，让太子李显监国。

第三天，女皇退位，将皇位传给李显。

第四天，李显正式登基（依旧称唐中宗），不久，将国号恢复为"唐"。

接着，李显将周朝的各种制度、旗帜、服装颜色等全都废除、更改了，就连女皇之前创造的文字也废除了，只留下一个"曌"字。

天下依然是李家的天下，百姓们又回到了唐朝，大周朝仿佛从来没有出现过一样。

此时，被幽禁在深宫中的女皇作何感想呢？也许，她早已经做好了准备。当她放弃侄儿，立儿子李显为皇太子的时候，她就做好了接受"大周朝一代而亡"的准备。

只是，这一天来得太快了。

来自洛阳的加密快报！

张家兄弟乱政

　　李显为什么发动神龙政变，难道他迫不及待想当皇帝？当然不是，他都已经是皇太子了，天下迟早是他的，何必着急。更何况，李显见了女皇，就像老鼠见了猫，躲都来不及，哪里还敢造反！

　　原来，神龙政变主要针对的不是女皇，而是女皇的两个男宠——张昌宗和张易之兄弟。

　　张家兄弟精通音律，长相俊美，尤其是张昌宗，长得比女人还美。兄弟俩一起陪伴在女皇身边，逗乐解闷，女皇对他俩宠爱得不得了。

　　一次，宫中举办了一场赏莲宴会，有人为了讨好女皇，就说："六郎（即张昌宗）长得真美，就像这池中的莲花一样。"

　　女皇一听，龙颜大悦。

　　宰相杨再思见了，赶紧抓住这个拍马屁的机会，说："不不不，我看不是六郎长得像莲花，而是莲花长得像六郎。"

　　从这以后，张昌宗"面如莲花"的美名就传开了。

　　与薛怀义一样，仗着女皇在背后撑腰，张家兄弟开始胡作非为，甚至开始干涉朝政。两人贪污受贿，陷害忠良，宰相魏元忠就差点死在他俩手里。李显的一双儿女和女婿也因为在背后议论他俩，而被告到女皇那里，最后被迫自杀。

　　老百姓见他俩每天寻欢作乐、为非作歹，心里也很气愤，想揍他们一顿，可又找不着人，最后只好拿他们的弟弟张昌仪开刀。

当时，张昌仪刚刚修了一座非常气派的府邸。一天半夜，有人偷偷在大门上写了几个字——一日丝能作几日络？字面意思是"一斤线能打几件毛衣"，谐音为"一日死能作几日乐"。总之，这句话是在警告张家人，别得意太早，有你们好受的时候！早上起来，张昌仪看到门上的大字，赶紧叫人擦了。谁知第二天，那几个字又出现在大门上，张昌仪又叫人擦了。

一连七天，那八个字每天一早准时出现在张家大门上，张昌仪气急败坏，提起笔在后面接了一句："一日亦足！"意思是"能享受一天算一天"。

张家人的无赖嘴脸令老百姓失望透了，大家只盼着张家兄弟早点垮台。

公元704年八月，女皇生了一场重病，而身边只有张家兄弟侍奉着，大臣们更是心急如焚：一旦女皇驾崩了，江山岂不是要落到这兄弟俩手中吗？

于是，新年一过，宰相张柬之、李显、李旦和太平公主等人便策划了这场神龙政变，干脆利落地除掉了张家兄弟，顺便逼女皇退位，扶持太子登基。

拥张派和倒张派

某小吏

张家兄弟干政那会儿，朝廷中分为两大派别，一派是拥张派，另一派是倒张派。你们知道这两派分别都有些什么人吗？

知道，拥张派嘛，主要有两种人，一种是文人，另一种是武家子侄。当年女皇喜欢举办一些文化活动，这些文人为了当官，拼命地巴结张家兄弟，当然拥护他们啦。至于武家子侄，他们就是一帮纨绔子弟，看女皇身边谁最红，就赶紧扑过去讨好他们。而且，武家子弟还妄图依靠张家兄弟的力量扳倒太子呢。

戴先生

书生小黄

说起来，这拥张派的势力可真不小，不少都是朝廷重臣呢。不过倒张派更厉害，首先是太子，其次是相王，还有各司法部门。太子为什么倒张就不用说了，二张干政已经严重威胁到太子的地位，至于其他大臣，只要稍微正直一点的，必定都是倒张派。

是啊，说起来还是反对张家兄弟的人多，所以这次政变才会进行得如此顺利嘛！如今张家兄弟终于被除掉了，他的党羽也被清理得差不多了，真是大快人心啊！

庞小二

神龙政变的始末

　　一场惊心动魄的神龙政变，迫使一代女皇走下皇位。现在，就让我们来回顾一下神龙政变的全过程。

　　按照计划，张柬之、李显、李旦和太平公主兵分四路行动：首先，宰相张柬之等人率领禁军占领玄武门，守住进宫的要道。同时，右羽林大将军李多祚（zuò）等人去东宫迎接太子李显。

　　接着，两路兵马在玄武门会合，一起杀进皇宫，消灭张家兄弟，逼女皇退位。太平公主则安排宫女做内应，李旦负责消灭张家兄弟的同党。

　　公元705年正月二十二日，政变正式爆发了。按照原计划，右羽林大将军李多祚去东宫迎接太子李显。没想到李显却在关键时刻掉链子，因为害怕女皇的铁血手腕，躲在屋里死活

不肯出来。这下可把外面的将士们急坏了。

一个叫王同皎的将领说："先帝把江山托付给殿下，没想到横生祸端，导致江山易主，如今已经有二十三年。我们大伙儿好不容易等到今天，准备杀进皇宫，锄奸除恶，重振李唐江山，怎么殿下反倒临阵退缩了呢？"

李显战战兢兢地说："小人的确该杀，可陛下还在重病之中，咱们再等等行不行？"

一个叫李湛的将领气得大叫："为了帮殿下匡扶大唐江山，我们连命都不要了，可现在殿下却要把我们置于死地！如果殿下执意不去，就请自己出来跟大伙儿说吧！"言外之意就是，李显今天要是不去，这群将士首先就把他拿下。

这下没办法了，李显只好硬着头皮出来了。

这时，张柬之在玄武门也遇到了麻烦。镇守玄武门的羽林军本来已经被买通了，可这时又冒出一个千骑军，首领叫田归道，他是个很顽固的家伙。张柬之好说歹说，田归道就是不让他进。幸好这时，太子李显到了。田归道再怎么顽固，也不敢得罪太子，只好闪到一边，让军队进去了。

宫女们一看军队闯了进来，赶紧去通风报信，刚走几步，就

被太平公主买通的人杀死了。

这时，女皇正在寝宫里睡觉，张家兄弟睡在外面的屋子里。听到宫外闹哄哄的，兄弟俩赶紧跑出来看，刚一出门，就被乱刀砍死了。

女皇也被惊醒了，问："是谁在作乱？"

张柬之回答："回陛下，张易之、张昌宗兄弟造反，臣等奉太子之命将他二人诛杀了。"

女皇心中涌起一阵不祥的预感，将目光转向太子："既然张家兄弟已经死了，那你也回去吧。"

"太子怎么能再回去？"一个叫桓彦范的大臣站出来说，"还记得当年，天皇在驾崩前将太子托付给陛下，如今太子早已成人，陛下也应该把江山交还给太子啦！"

眼看大势已去，女皇叹了一口气，只好将皇位传给李显。

新帝对女皇的态度

穿穿老师：

您好，我是一名普通的大唐百姓。盼了这么多年，终于又盼来了大唐王朝，许多人都和我一样心潮澎湃、热泪盈眶。不过在激动之余，我还有一个问题要向您请教。

武则天通过废掉儿子的帝位才当上了女皇，这是不容置疑的。可在新帝的即位赦文里，却是这么说的：当年高宗皇帝驾崩时，国家正值内忧外患、危机重重之际，是女皇站出来力挽狂澜，保住了大唐江山，接着顺应天命，登基称帝。而当动乱平息，国家安定之后，女皇又主动将皇位让给儿子，恢复李唐江山。

当今陛下为什么要为女皇开脱？他曾经被女皇软禁了十多年，一双儿女也被女皇逼死了？难道他一点都不恨女皇吗？更令人惊讶的是，陛下竟然还给女皇封了一个尊号，叫"则天大圣皇帝"。这我就想不通了，当今陛下是皇帝，则天大圣皇帝也是皇帝，那不是出现两个皇帝了吗？这到底是怎么回事？陛下对女皇到底是什么态度？

大唐百姓

大唐百姓：

你好。俗话说，血浓于水，虽然女皇夺走过陛下的皇位，并软禁了他多年，但母子之间的亲情和羁绊是怎么也斩不断的。不然，女皇又怎么会放弃大周江山，将陛下千里迢迢从房州接回来呢？

更何况，女皇在位时英明神武、威震四海，即便现在退位了，陛下也依然对她心存敬畏。因此，陛下依旧保留了她皇帝的尊号，用以表达对她的崇敬和仰慕之情。

《穿越报》编辑 穿穿

女皇去世，与高宗皇帝合葬

公元705年农历十一月二十六日，女皇病逝了，享年八十二岁。一代女皇就这样走完了她传奇的一生！

临死前，女皇留下一道遗书，取消帝号，称"则天大圣皇后"。这是为什么呢？

有人说，女皇之所以恢复自己皇后的身份，一来是为了与高宗皇帝合葬，二来是为了给自己留下一个好名声。

可是，却有大臣坚决反对将女皇与高宗皇帝合葬。他们说，高宗皇帝已经安息了，如果把陵墓凿开，就会惊动高宗皇帝的灵魂，所以还是另外给女皇修一个陵墓好了。

可皇帝李显不同意，在他看来，高宗皇帝是他父亲，女皇是他母亲，将父母合葬在一起是天经地义的事。更何况，李显对女皇一直都心存敬畏，怎么敢违抗她的遗命。于是，李显亲自将女皇的遗体送回长安乾陵，与高宗皇帝合葬。

女皇虽然不在了，可武家的地位还没有倒，新帝李显对武家人格外关照，武氏一族依旧享受着无限尊荣。

后续报道

　　乾陵前面有两块巨大的石碑，一块是唐高宗的，上面写满了高宗一生的功绩。另一块是武则天的，上面竟然一个字也没有，这是为什么呢？

　　有人说，武则天给自己立无字碑，是因为她觉得自己功劳太大，远不是一块石碑能概括的。

　　也有人说，武则天夺了李家皇室的权，自知有罪，不敢留下碑文。

　　还有人说，武则天认为自己的是非功过，自有后人来评说，所以留下了一块无字碑。

　　其实，这几种说法都不对。因为一般来说，碑是后人立的，碑上的文字也是后人刻上去的，与先人的遗愿无关。武则天死后，李显原本想效仿高宗的石碑，为武则天也立一块碑，刻上她一生的丰功伟绩，可是碑刚选好，还没来得及刻字，政局就发生了变动。

　　在接下来的几年时间内，政局一直动荡不安，皇帝也换了好几茬，于是给武则天刻碑的事就这样耽搁下来，最后不了了之，只留下一块无字丰碑。

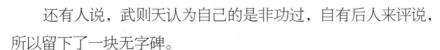

越越 大嘴记者

武曌 特约嘉宾

嘉宾简介： 她十四岁进宫，二十六岁被送到感业寺做尼姑，二十八岁再次进宫，四年后成为大唐皇后，三十七岁开始参政，一步步登上权力的巅峰，并最终在六十七岁时登基，成为中国历史上第一个女皇帝！十五年后，一场神龙政变推翻了她的政权，如今，风烛残年的她正被幽禁在上阳宫中，独自回味着自己漫长而传奇的一生。

越　越：陛下您好，请问上阳宫中有人虐待过您吗？

武　曌：谁敢虐待我？

越　越：那倒也是，那他们还是像以前一样尊敬您吗？

武　曌：你说呢？我现在还是则天大圣皇帝，新皇帝每隔十天就要率领文武百官来上阳宫拜见我一次。

越　越：您可真威风，这要是放在别的皇帝身上，是想都不敢想的事情。要知道从来没有一个皇帝能享受到跟您一样的待遇呢。不过，我看您最近气色不大好，比以前憔悴多了，是吃不惯，还是住不惯吗？

武　曌：废话，你要是被人幽禁了能住得惯吗？

越　越：呃，说得也是，没有什么比自由更重要了。我还记得您六十九岁那年长出了乌黑的眉毛，七十二岁那年又长出了新的牙齿。那时候的您虽然年纪挺大了，可一点也不显老，倒像一个三四十岁的美丽妇人。去年见到您的时候，您也是神采奕奕，跟年轻人一样。可如今，才过了短短几个月，您一下子就衰老了这么多。

武　曌：以前都是我幽禁别人，没想到如今轮到我自己被人幽禁啦！

越　越：陛下您想开点，您已经

当了十五年的皇帝，而且作为中国历史上第一个女皇帝，您一定能青史标名，万古流芳。再说如今您年纪也大了，身体也不好，国家大事您也管不过来了，不如就在这上阳宫休养休养，颐养天年。

武　曌：说得也是。想想我在位的这十五年，也算是国家太平，人民安乐了。我记得我刚刚当上皇后那会儿，全国只有三百多万户人口，等我退位时，全国已经有六百多万户人口啦。每次想到这里，我心里就很高兴。

越　越：是啊，这些年不仅人口增加了，经济也在飞速发展，这些都是陛下您的功劳啊！还有您任人唯贤，培养提拔了那么多人才，将国家治理得井井有条，这足以说明陛下您是一个明君。

武　曌：可我也有做错的时候。

越　越：是的，当年您任用酷吏，造就了大量冤假错案，迫使无数人家破人亡……唉，可是人谁无过呢？还好一切都已经过去了。

武　曌：是啊，一切都已经过去了。不过我准备写一封遗书，赦免王皇后和萧淑妃的族人，以及褚遂良等大臣的亲戚。还有魏元忠，当初是我冤枉了他，我想赐他实封一百户，算是给他一点补偿。

越　越：真高兴陛下能这么想，不过，您为什么单单想到这两批人呢？

武　曌：王皇后和萧淑妃她们是我的第一批敌人，魏元忠是最后一个被我冤枉的大臣。如今我行将就木，也没必要再树敌了。恩也罢，怨也罢，就让一切随风去吧。

越　越：是啊，就让一切随风去吧。好啦，今天的采访就到这里啦，陛下再见。

武　曌：再见，（笑）也许这是咱们最后一次见面了，越越你多保重。

越　越：嗯，陛下也多保重。

广告铺

批准张柬之回家养老

前些天，汉阳王张柬之上奏请求回家养老，朕心中虽然很舍不得，但决定尊重他的意见。张柬之对大唐忠心耿耿，且为恢复唐王朝做出过不可估量的贡献，朕会永远记住他的！

李显

（编者注：实际上是因为中宗重用武家子侄，限制张柬之等人的权力，张柬之见势不妙，于是以"回家养老"为借口急流勇退。）

允许韦后垂帘听政

在朕被流放期间，皇后韦氏对朕不离不弃，始终支持朕、鼓励朕，朕曾许下誓言，如果有一天能重见天日，一定要重重报答她。如今，朕决定效仿高宗皇帝，让韦后垂帘听政，各位大臣不得干预！

李显

重金求公主的同款百鸟裙

听说安乐公主有一件神奇的百鸟裙，它是用各种鸟羽织成的。上面的花卉鸟兽图案只有米粒大小，十分精巧好看。而且裙子色彩绚丽，在太阳底下是一种颜色，在房间里又是另外一种色彩。谁要是能帮我弄到一件同款的裙子，本小姐重重有赏。

李小姐

（编者注：安乐公主为唐中宗之女。）

第4关

智者无敌
王者为大

1. 武周时期的宰相中，最有名的是哪一位？

2. 武则天是一个礼贤下士的皇帝吗？

3. 狄仁杰曾被武则天尊称为什么？

4. 李旦的谥号是什么？

5. 武则天称帝后，前任皇帝李旦被降为什么？

6. 武则天称帝后，将谁立为皇太子？

7. 武则天晚年最宠爱的两个男宠分别叫什么？

8. 哪一场政变迫使武则天退位？

9. 神龙政变主要针对的是谁？

10. 武则天退位后，是谁继承了皇位？

11. 张昌宗兄弟乱政时期，支持他们和反对他们的人分别是谁？

12. 武则天退位后，李显恢复了唐朝国号吗？

13. 武则天葬在哪里？

14. 武则天临死前是否取消了帝号？

15. 为武则天立的碑上为什么没有文字？

16. 武则天死后跟谁合葬？

智者为王答案

第①关答案

1. 武则天。
2. 没有。
3. 因为李承乾造反。
4. 李治。
5. 去感业寺做了尼姑。
6. 李弘。
7. 为了打压萧淑妃。
8. "五姓"是唐初最显赫的五个世家大族：崔家、卢家、李家、郑家和王家。其中崔家和李家各有一个分支，因此又称"七望"，合起来就是"五姓七望"。
9. 是的。
10. 是国家设置的专门用来赈济灾民的仓库。
11. 不是。
12. 王皇后。
13. 长孙无忌。
14. 厌胜之术就是用来诅咒敌人的一种巫术。
15. 公元655年。
16. 一来她身份低微，二来她曾经侍奉过唐太宗。

第②关答案

1. 武则天。
2. 没有。
3. 吕后。
4. 将他们杀了。
5. 长孙无忌。
6. 公元660年。
7. 唐高宗得了风疾，不能处理朝政，因此暂时由武则天代理。
8. 上官婉儿。
9. 她们是姐妹。
10. 没有。
11. 公元664年。
12. 武则天。
13. 没有。
14. 唐高宗和武则天。
15. 武则天。
16. 她被毒死了。

长知识啦！

第 3 关答案

1. 没有，他在当皇帝前就病死了，被追认为"孝敬皇帝"。
2. 武则天的第二个儿子李贤。
3. 因为李贤对她的权力构成了威胁。
4. 公元683年。
5. 李旦，史称唐睿宗。
6. 王勃。
7. 李贤受到很多人的拥护，武则天怕他造反。
8. 废太子李贤。
9. 裴炎。
10. 常科和制科。
11. 原来是明经的级别高，后来武则天将进士的级别提到明经之上了。
12. 武则天的三儿子李显和小儿子李旦。
13. 公元690年，当时武则天已经六十七岁了。
14. 武则天发明的，意思是日月当空，照耀着天下百姓。
15. 为了打击、清除反对她的人。
16. 一本专门教别人编造罪状、陷害人的书。
17. 鬼朴就是做鬼的材料，指的是酷吏横行时的朝廷大臣。
18. 周兴与来俊臣。
19. 两天。

第 4 关答案

1. 狄仁杰。
2. 是的。
3. 国老。
4. 唐睿宗。
5. 皇嗣。
6. 庐陵王李显。
7. 张昌宗和张易之。
8. 神龙政变。
9. 张昌宗和张易之兄弟。
10. 唐中宗李显。
11. 拥张派主要是文人和武家子侄，倒张派主要是太子府、相王府和各司法部门。
12. 是的。
13. 葬在乾陵，与唐高宗合葬。
14. 是的，改称"则天大圣皇后"。
15. 武则天死后，唐朝政局一直动荡不安，将为武则天刻碑的事情给耽搁了，于是只留下了一块无字碑。
16. 唐高宗。

武则天生平大事年表

时间	年龄	大事记
公元624年	一岁	武则天在长安出生，同年，唐朝统一中国。
公元637年	十四岁	武则天进宫，被唐太宗封为"才人"，赐名"武媚"。
公元649年	二十六岁	太宗驾崩，武则天被送进感业寺当尼姑。
公元651年	二十八岁	武则天再次进宫，不久后被唐高宗封为"昭仪"。
公元655年	三十二岁	武则天被册封为皇后。
公元660年	三十七岁	高宗病重，将朝政交给武则天管理，武则天第一次走上政治前台。
公元665年	四十二岁	武则天和高宗一同封禅泰山。
公元683年	六十岁	高宗驾崩，太子李显继位，两个月后，武则天废掉李显，立李旦为帝。
公元690年	六十七岁	武则天废掉李旦，自立为帝，改国号为"周"。
公元705年	八十二岁	正月二十二日，神龙政变爆发，武则天被迫退位，当年农历十一月二十六日，武则天病逝。

图书在版编目（CIP）数据

铁血女皇武则天 ／ 彭凡著.—北京：化学工业出版社，
2015.7（2023.1重印）

（历史穿越报）

ISBN 978-7-122-23997-6

Ⅰ．①铁…　Ⅱ．①彭…　Ⅲ．①武则天（624－705）－
生平事迹－少年读物　Ⅳ.①K827=2

中国版本图书馆CIP数据核字（2015）第104417号

责任编辑：丁尚林　刘亚琦　　　　　　　　　　装帧设计：尹琳琳
责任校对：战河红

出版发行：化学工业出版社（北京市东城区青年湖南街13号　邮政编码100011）
印　　装：天津图文方嘉印刷有限公司
710mm×1000mm　1/16　印张12　2023年1月北京第1版第19次印刷

购书咨询：010-64518888　　售后服务：010-64518899
网　　址：http://www.cip.com.cn
凡购买本书，如有缺损质量问题，本社销售中心负责调换。

定　　价：29.80元